Démarrer une entreprise d'exportation depuis les États-Unis

Un guide complet, de l'enregistrement de l'entreprise à l'exportation, étape par étape

Spécialement pour les entrepreneurs en herbe, les professionnels en activité, les étudiants et les demandeurs d'emploi

MD SAHID

GLOVYA EXIM

Glovya Exim

Démarrer une entreprise d'exportation depuis les États-Unis

Pour les demandes d'autorisation, veuillez contacter l'auteur à l'adresse suivante :

E-mail: mohammadsahid.star@gmail.com

Avertissement : Les informations contenues dans ce livre sont fournies à titre informatif uniquement. Cependant, l'auteur décline toute responsabilité quant aux erreurs, omissions ou modifications des lois, réglementations ou procédures applicables pouvant survenir après la publication. Il est recommandé aux lecteurs de consulter des professionnels compétents pour obtenir des conseils spécifiques adaptés à leurs besoins.

ISBN-13 : **978-93-344-5574-8**

Première édition : **2025**

Auteur auto-édité : **Md Sahid**

Publié par : **Glovya Exim** (The Imprint, Glovya Exim est une marque déposée de Md Sahid)

Contenu

Préface

Démarrer une entreprise d'exportation depuis les États-Unis, est essentiel pour les entrepreneurs et les chefs d'entreprise souhaitant élargir leurs horizons et s'implanter sur le marché international. Cet ouvrage complet propose un parcours clair et structuré pour vous aider à gérer les complexités de l'exportation depuis les États-Unis.

Ce guide couvre tous les aspects du processus d'exportation, de la préparation à l'exportation à la réalisation d'études de marché approfondies, en passant par l'obtention des licences nécessaires et la recherche de fournisseurs fiables. Chaque chapitre est soigneusement conçu pour offrir des conseils pratiques, des procédures détaillées et des astuces utiles, vous permettant ainsi d'être bien préparé à relever les défis du commerce international.

Le livre est enrichi de nombreux liens vers des sites Web utiles qui fournissent des ressources précieuses, des informations réglementaires et des services d'assistance, que vous cherchiez à comprendre les procédures douanières, à obtenir un financement, à protéger la propriété intellectuelle ou à mettre en œuvre des stratégies marketing efficaces.

MD SAHID

Introduction

Pourquoi exporter depuis les États-Unis

Les États-Unis exportent chaque année quelque 3 000 milliards de dollars de biens et services vers les marchés mondiaux. Il existe un formidable potentiel d'augmentation du nombre d'exportateurs américains et des marchés qu'ils desservent, notamment parmi les PME. Voici quelques raisons de se tourner vers l'exportation :

Demande. Plus de 95 % des consommateurs mondiaux se trouvent hors des États-Unis. Vos concurrents augmentent leur part de marché mondiale, et vous pouvez le faire aussi.

Accès. Exporter n'est pas forcément une contrainte. Internet, l'amélioration des circuits logistiques, les accords de libre-échange, le commerce électronique et l'éventail des aides à l'exportation offertes par le gouvernement américain et ses partenaires ont rendu l'exportation plus accessible, même pour les plus petites entreprises.

Rentabilité. L'exportation peut être rentable pour les entreprises de toutes tailles. En moyenne, les ventes progressent plus rapidement, davantage d'emplois sont créés et les employés gagnent davantage que dans les entreprises non exportatrices.

Avantage concurrentiel. Les États-Unis sont reconnus mondialement pour la qualité de leurs produits et services innovants, leur service client et leurs pratiques commerciales rigoureuses.

Atténuation des risques. La plupart des entreprises exportatrices résistent mieux aux fluctuations de l'économie américaine et ont plus de chances de perdurer.

Ressources à l'exportation. Les entreprises américaines peuvent bénéficier des ressources du gouvernement américain et de ses partenaires étatiques et locaux. Par exemple, le Département du Commerce des États-Unis dispose d'un réseau mondial de bureaux du Service commercial américain dans plus de 100 villes américaines, ainsi que d'ambassades et de consulats américains sur plus de 80 marchés internationaux. Les professionnels du commerce proposent des conseils à l'exportation et une gamme de solutions d'exportation personnalisées. Ils peuvent également mettre les entreprises en contact avec des ressources clés, telles que le financement à l'exportation par l'intermédiaire de la Banque d'import-export des États-Unis et de la Small Business Administration.

Potentiel d'exportation par produit sur le marché mondial

Les produits présentant le plus fort potentiel d'exportation des États-Unis vers le monde sont les véhicules automobiles pour le transport de moins de 10 personnes, le soja, ainsi que le sang humain et animal, les fractions sanguines et les produits immunologiques. Le soja présente la plus grande différence absolue entre les exportations potentielles et les exportations de référence en valeur, laissant une marge de manœuvre pour réaliser des exportations supplémentaires d'une valeur de 29

milliards de dollars , soit 3,8 % du potentiel d'exportation non réalisé.
https://exportpotential.intracen.org/fr/produits/carte-arborescente?fromMarker=i&exporter=842&toMarker=w&market=w&whatMarker=k

Qu'est-ce que l'exportation

Dans le cadre de leurs activités commerciales quotidiennes, la plupart des entreprises américaines produisant des biens et des services aux États-Unis ne sont peut-être pas familiarisées avec les différentes manières dont les termes « exportation » et « importation » sont utilisés dans le commerce international.
L'accès aux aides, programmes et financements du gouvernement américain à la promotion des exportations dépend de la production des biens ou services vendus aux États-Unis. Il est donc important pour les entreprises américaines de se familiariser avec les différentes utilisations, parfois confuses, des termes « exportation » et « importation » dans différents contextes.

Exportations américaines/Exportateur américain/Exportateur américain : Seules les exportations américaines sont admissibles aux aides, services et financements du gouvernement américain. Pour être considérés comme des exportations américaines, les biens ou services doivent être créés, produits ou fabriqués aux États-Unis. Selon le point de référence géographique, les exportations américaines peuvent être désignées comme suit :

- « Exportations américaines VERS un marché/pays étranger » DEPUIS les États-Unis » ou
- « Importations DES États-Unis VERS un marché/pays étranger. »
- « Vendre/expédier/livrer des biens ou des services produits aux États-Unis à un acheteur sur un marché étranger.

Sélection de produits

Questions à considérer

Vous devez prendre en compte plusieurs points lorsque vous envisagez de vendre à l'étranger, notamment :

- À quels besoins étrangers votre produit répond-il ?
- Quels produits votre entreprise devrait-elle proposer à l'étranger ?
- Votre entreprise devrait-elle adapter son produit national pour le vendre à l'étranger ? Devrait-elle développer un nouveau produit pour le marché étranger ?
- Quelles caractéristiques spécifiques, telles que le design, la couleur, la taille, l'emballage, la marque, les étiquettes et la garantie, votre produit devrait-il posséder ? Quelle importance accordez-vous aux différences linguistiques et culturelles ?
- Quels services, garanties et pièces détachées spécifiques sont nécessaires à l'étranger en phase de pré-vente et d'après-vente ?
- Les installations de service et de réparation de votre entreprise sont-elles adéquates ?

Adaptation du produit

Choisir le bon produit pour l'exportation depuis les États-Unis est une décision stratégique qui peut faire la réussite ou l'échec de votre entreprise. Voici une approche structurée pour vous aider à faire un choix judicieux :

Critères clés pour la sélection des produits :

- **Demande du marché** : Concentrez-vous sur les produits dont la demande est avérée dans vos pays cibles. Utilisez des outils comme la Carte du potentiel d'exportation pour identifier les articles à forte demande.
- **Avantage concurrentiel** : Choisissez des produits pour lesquels les États-Unis ont un avantage technologique, qualitatif ou de marque : pensez aux appareils médicaux, aux logiciels ou aux aliments spécialisés.
- **Marges bénéficiaires** : assurez-vous que le produit offre des marges saines après avoir pris en compte les coûts de production, de logistique, de tarifs et de marketing.
- **Conformité réglementaire** : Vérifiez les réglementations d'exportation, les certifications et les exigences d'étiquetage pour chaque marché cible.
- **Adaptabilité du produit** : sélectionnez des articles qui peuvent être personnalisés pour différents besoins culturels ou fonctionnels à l'étranger.
- **Disponibilité de l'approvisionnement** : sélectionnez le produit qui est facilement disponible aux États-Unis
- **Léger/Compact** : Moins cher et plus facile à expédier à l'international.

- **Exportable légalement** : aucune licence ou restriction d'exportation spéciale n'est impliquée.

Produits à éviter (en tant que débutant)

- Exiger des licences d'exportation (par exemple, militaires, armes à feu, technologies)
- Se gâte rapidement ou nécessite une réfrigération
- Sont lourds, encombrants ou dangereux
- Sont déjà dominés par de grandes marques à moins que vous n'offriez une valeur unique

Image de marque, étiquetage et emballage

Les consommateurs se soucient à la fois du produit lui-même et de ses caractéristiques secondaires, telles que l'emballage, les garanties et les services. La valorisation de la marque et l'étiquetage des produits sur les marchés étrangers soulèvent de nouvelles considérations pour votre entreprise, telles que :

- Les marques internationales sont-elles importantes pour promouvoir et distinguer un produit ? À l'inverse, faut-il privilégier les marques locales ou les marques de distributeur pour susciter l'intérêt local ?
- Les couleurs utilisées sur les étiquettes et les emballages sont-elles offensantes ou attrayantes pour l'acheteur étranger ? Par exemple, dans certains pays, certaines couleurs sont associées à la mort.
- Les étiquettes et les instructions peuvent-elles être rédigées dans les langues officielles ou usuelles si la loi ou la pratique l'exige ?

- Des informations sur le contenu du produit et le pays d'origine doivent-elles être fournies ?
- Les poids et mesures sont-ils indiqués dans l'unité locale ? Même pour les produits de consommation, l'emballage et la description du contenu en unités métriques (par exemple, kilogrammes, litres) peuvent être importants.
- Chaque article doit-il être étiqueté individuellement ? Quelle est la langue de l'étiquetage ? Par exemple, la mention « Fabriqué aux États-Unis » pourrait ne pas être acceptable ; le produit pourrait devoir être étiqueté dans la langue parlée par les consommateurs du pays. Des exigences d'étiquetage particulières peuvent s'appliquer aux aliments, aux produits pharmaceutiques et à d'autres produits.
- Les goûts et les connaissances locales sont-ils pris en compte ? Une boîte de céréales ornée de l'image d'un athlète américain pourrait ne pas être aussi attrayante pour les consommateurs étrangers que celle d'un héros sportif local.

Installation

Un autre élément de la préparation du produit que votre entreprise devrait prendre en compte est la facilité d'installation du produit à l'étranger. Si des techniciens ou des ingénieurs sont nécessaires à l'étranger pour l'installation, votre entreprise devrait minimiser leur temps de présence sur le terrain si possible. Pour ce faire, elle pourrait préassembler ou pré-tester le produit avant l'expédition, ou former les prestataires de services locaux via le web. Votre marque américaine est importante pour vous, mais elle peut l'être moins pour les consommateurs étrangers. À l'inverse, dans certains pays, elle peut avoir plus de valeur qu'aux États-Unis : la notoriété d'une personnalité peut générer des ventes dans votre pays, mais cette même personne peut être inconnue, voire, pire, détestée, ailleurs.

Votre entreprise pourrait envisager de démonter le produit pour l'expédier et de le remonter à l'étranger. Cette méthode peut vous permettre d'économiser sur les frais d'expédition, mais elle peut retarder le paiement si la vente est conditionnée à un produit assemblé. Votre entreprise doit veiller à fournir toutes les informations sur le produit, telles que les manuels de formation, les instructions d'installation (même les plus simples) et les listes de pièces détachées, dans la langue locale.

Études de marché internationales

L'étude de marché internationale est un élément clé d'une planification d'exportation réussie. Il est important d'analyser et d'évaluer de manière critique si la destination d'exportation potentielle est adaptée à votre produit ou service. Vous devez déterminer s'il existe un marché, si votre produit est compétitif après avoir déterminé le coût au débarquement, puis quelle est la stratégie d'exportation la plus rentable et la plus rapide.

Processus de recherche

Commencez par collecter des données commerciales pour évaluer la taille du marché. Identifiez les opportunités potentielles, si la demande augmente ou diminue, et s'il existe une concurrence.

Pour les petites entreprises, identifier 3 à 5 marchés potentiels peut être judicieux. Vous pouvez également regrouper les pays potentiels par marchés les plus importants, les marchés à la croissance la plus rapide et les marchés plus petits à forte croissance.

Consultez ensuite les rapports nationaux et sectoriels pour évaluer les conditions, les opportunités et les défis du marché. Cela vous aidera à identifier les marchés offrant les meilleures opportunités et justifiant un investissement supplémentaire.

Étape 1 : Élaborez vos questions de recherche

Si vous êtes un **nouvel exportateur** , pensez à :

- Quelle est la taille de vos marchés potentiels ?

- Quels pays/marchés achètent actuellement des produits comme les vôtres ?
- Qui sont vos concurrents, de quels pays viennent-ils et quelle est leur taille ?
- Quelles sont les normes, les tests et les certifications requis ?
- Vos produits (ou leur étiquetage ou emballage) doivent-ils être modifiés pour un ou plusieurs marchés ?
- Quels droits, taxes et autres frais s'appliquent ? Quels sont les frais d'expédition et les marges des partenaires ? Quel est le prix au débarquement, ou prix total à l'exportation ?
- Votre prix est-il attractif sur le marché ? Si ce n'est pas le cas, comment pouvez-vous le rendre plus attractif ?
- Quels sont les canaux de distribution disponibles ?

Si vous êtes un **exportateur actif** envisageant de conquérir un nouveau marché ou réévaluant un marché actuel, il est tout aussi important de réaliser une étude de marché, car les conditions évoluent fréquemment. Par exemple, des frais d'expédition, des droits de douane et des réglementations différents peuvent affecter votre activité. L'objectif d'une étude de marché est d'en savoir plus sur :

- Les marchés les plus importants et/ou à la croissance la plus rapide pour votre produit.
- Les tendances et les perspectives du marché pour votre secteur d'activité dans ce pays.

- Le paysage concurrentiel de votre secteur/produit dans ce pays et potentiellement dans la région.
- Les coûts associés à l'acheminement de votre produit depuis votre usine jusqu'aux clients dans un autre pays, c'est-à-dire le coût à l'arrivée.
- Toutes les modifications de produit requises (et les coûts associés) pour se conformer aux réglementations et normes du pays de destination.

Étape 2 : Effectuer des recherches

Les études de marché primaires sont des informations recueillies directement sur le marché étranger, par le biais d'entretiens, d'enquêtes et d'autres contacts directs avec des représentants et des acheteurs potentiels. La participation à des salons professionnels (aux États-Unis ou à l'international), à des conférences ou à d'autres événements sectoriels peut être un bon moyen d'échanger sur les études de marché primaires. L'avantage d'une étude de marché primaire est qu'elle permet de l'adapter aux besoins et aux questions spécifiques de votre entreprise. Cependant, elle peut être chronophage et coûteuse, et peut ne pas être exhaustive.

Les études de marché secondaires sont des informations obtenues à partir d'autres sources, telles que des statistiques commerciales ou des rapports sur un pays ou un produit. Ces informations sont généralement moins coûteuses, voire gratuites dans certains cas.

Sources

Données commerciales

Pour obtenir une image complète, examinez à la fois les statistiques d'exportation des États-Unis et les statistiques d'importation d'un pays étranger au cours des dernières années.

Il existe de nombreuses ressources en ligne pour aider les exportateurs à trouver et à utiliser les données d'exportation et d'importation. Ces ressources vont des sites du gouvernement américain aux sites d'organisations multinationales comme les Nations Unies, en passant par les sites de gouvernements étrangers. De plus, les associations professionnelles peuvent collecter et compiler des données commerciales et les mettre à la disposition de leurs membres.

De nombreuses ressources de données commerciales utilisent le code du Système harmonisé (SH) fournir des détails sur la croissance ou le déclin des exportations en général, ainsi que des données relatives à des produits spécifiques.

Statistiques sur les importations étrangères

Recherchez et analysez les statistiques d'importations étrangères par pays pour identifier les pays qui importent vos produits. Tenez également compte des produits complémentaires, surtout si votre code SH est très général. Les statistiques d'importations étrangères vous permettront d'avoir une meilleure idée de la demande globale pour vos produits que les statistiques d'exportation américaines.

- Identifiez les pays qui importent le plus vos produits. Vous pouvez examiner la valeur globale et le volume des importations.

- Recherchez les tendances pour voir si le marché d'importation est en expansion ou en déclin au cours des dernières années.
- Identifier les petits marchés qui connaissent une forte croissance malgré des valeurs d'importation plus faibles. Il peut s'agir de marchés émergents où la concurrence est moins forte.

Statistiques des exportations américaines

Recherchez et analysez les statistiques d'exportation américaines par pays pour identifier les pays qui importent vos produits des États-Unis. Si votre code SH est très général, utilisez des produits complémentaires. Les statistiques d'exportation américaines peuvent vous aider à identifier les marchés les plus favorables aux entreprises américaines.

- Comparez les statistiques d'exportation américaines pour vos produits avec celles des importations étrangères. Si les exportations américaines représentent un pourcentage plus élevé des importations, cela pourrait indiquer une préférence pour les produits américains et des conditions favorables aux entreprises américaines. Pour les pays où les exportations américaines représentent un pourcentage plus faible, cela pourrait signifier que les conditions du marché rendent ce marché plus difficile pour les entreprises américaines. Cela ne signifie pas nécessairement que ce n'est pas un marché favorable pour vos produits, mais qu'une étude complémentaire est nécessaire pour analyser les conditions du marché.

- Les statistiques d'exportation américaines peuvent également vous aider à identifier les marchés vers lesquels vos concurrents nationaux exportent, ce qui peut être utile lorsque vous planifiez vos stratégies d'entrée sur le marché.
- Consultez les données sur les exportations des États-Unis et des États, disponibles via **TradeStats Express,** pour identifier les principaux marchés d'exportation, susceptibles de refléter les avantages concurrentiels de votre État et/ou de vos partenaires commerciaux historiques. Ces données peuvent également vous aider à élaborer une stratégie de prix compétitive.

Recherches spécifiques à chaque pays

Pour les pays, recherchez des données sur la taille et la composition de la population, le revenu par habitant et les niveaux de production par secteur. Ce sont des indicateurs importants du potentiel de marché pour les produits de votre entreprise. Les ressources pour ce type d'informations comprennent, entre autres :

- **Guides commerciaux des pays** du service commercial américain (CCG)
- **Intelligence du marché** des services commerciaux aux États-Unis
- **Annuaire statistique des Nations Unies**
- **Catalogue de données de la Banque mondiale**
- CIA **World Factbook**
- **Données du Fonds monétaire international (FMI)**

Recherche sectorielle

Pour des secteurs spécifiques, trouvez des informations sur le marché à l'adresse suivante :

- **Intelligence du marché** des services commerciaux aux États-Unis
- **Rapports** du Département du Commerce des États-Unis sur les principaux marchés
- **Service agricole extérieur** du ministère de l'Agriculture des États-Unis (FAS)
- **Bureau des textiles et de l'habillement du** ministère du Commerce des États-Unis (OTEXA)
- **Bureau des taxes et du commerce de l'alcool et du tabac** (ATTB)
- Département du Commerce des États-Unis, **Bureau national des voyages et du tourisme**

Étape 3 : Examiner les marchés potentiels

Pour la plupart des petites entreprises, 3 à 5 marchés étrangers suffisent au départ. Vous pouvez tester un marché, puis vous orienter vers des marchés secondaires à mesure que votre expérience se développe. De plus, il peut être plus rentable de se concentrer sur des régions géographiques plutôt que sur des marchés dispersés dans le monde entier.

En utilisant les ressources de votre étude de marché primaire et secondaire, évaluez le potentiel en fonction de vos questions de recherche (ci-dessus) et de ces facteurs supplémentaires :

- Croissance constante du marché et/ou croissance du secteur industriel dans l'autre pays
- Accord de libre-échange avec les États-Unis

- Cibler une région spécifique du pays plutôt que l'ensemble du pays
- Demande pour votre type de produit ou de produits connexes pour évaluer les tendances globales de consommation
- Présence de concurrents locaux ou internationaux
- Environnement pour votre matériel marketing (coûts de traduction, le nom de votre produit est-il traduit correctement ?)
- Barrières tarifaires ou non tarifaires susceptibles d'affecter votre produit

Étape 4 : Élaborer un plan d'exportation

Une fois que vous avez déterminé que votre entreprise est capable d'exporter et que vous vous y êtes engagé, élaborez votre plan d'exportation à partir des données et des informations recueillies. Un plan d'exportation personnalisé est un outil stratégique et opérationnel précieux pour développer vos activités à l'export.

Vous pourriez conclure que vos ressources marketing seraient plus efficaces dans quelques pays spécifiques. Exporter vers un nombre raisonnable de pays vous permet de concentrer vos ressources sans compromettre vos efforts commerciaux existants aux États-Unis.

Il existe également d'autres éléments que vous devez prendre en compte lors de la sélection de vos marchés initiaux .

Développer une entreprise internationale prend du temps : souvent des mois, voire des années, avant de constater un retour sur investissement. En vous engageant à respecter le plan écrit, vous contribuez à la poursuite des objectifs à long terme de votre entreprise.

Sélection du marché d'exportation initial

Une fois que vous avez terminé votre étude de marché initiale et déterminé quels marchés présentent le meilleur potentiel pour votre produit ou service, il est essentiel de passer en revue les étapes nécessaires pour réellement entrer sur le marché.

Les facteurs réglementaires, logistiques et culturels peuvent tous jouer un rôle dans l'entrée sur le marché. Voici quelques questions à considérer :

- Existe-t-il des facteurs d'infrastructure ou logistiques qui pourraient rendre mon produit ou service difficile d'accès pour les consommateurs locaux ?
- S'il y a une différence de langue, comment communiquerez-vous avec les partenaires et clients potentiels ?
- Existe-t-il des contrôles à l'exportation américains sur mon produit vers cette destination ?
- Existe-t-il des exigences d'importation qui pourraient nécessiter une modification de mon produit ?
- Une fois le marché entré, comment sera assuré le service après-vente et comment seront traitées les questions des clients ?
- Comment pouvez-vous atténuer les risques en cas de problèmes d'expédition, de non-paiement ou d'autres litiges ?

De plus, il est important de collaborer avec des partenaires de confiance pour accompagner votre entreprise dans son processus d'exportation, notamment un prestataire logistique, un courtier en douane, un avocat, un comptable et une banque. Lors de l'élaboration de votre plan d'entrée sur le marché, les conseils de ces partenaires peuvent vous faire gagner du temps et de l'argent, et vous éviter d'éventuels problèmes.

Enfin, un partenaire local réputé, fiable et compétent peut vous aider à réussir votre entrée sur le marché. Il doit connaître les exigences d'importation, notamment les exigences de dédouanement de votre produit, et connaître les principaux acteurs du secteur et/ou les clients potentiels. Il peut également enregistrer votre produit pour la vente locale et, dans certains cas, détenir les droits sur le design du produit, la marque, etc. Assurez-vous d'effectuer une due diligence concernant votre partenaire et de consulter un avocat pour établir des contrats qui protègent votre entreprise.

Accords de libre-échange (ALE)

Vendre aux pays partenaires d'accords de libre-échange (ALE) américains peut aider votre entreprise à pénétrer et à être plus compétitive sur le marché mondial grâce à la réduction des barrières commerciales. Les ALE américains couvrent diverses mesures gouvernementales étrangères qui affectent votre activité : réduction des droits de douane, renforcement de la protection de la propriété intellectuelle, possibilité pour les exportateurs américains de participer à l'élaboration des normes de produits des pays partenaires de l'ALE, traitement équitable pour les investisseurs américains, possibilités accrues de participer aux marchés publics étrangers et opportunités pour les entreprises de services américaines.

Que sont les accords de libre-échange ?

Un accord de libre-échange (ALE) est un accord entre deux ou plusieurs pays, par lequel ces derniers s'engagent à respecter certaines obligations qui affectent, entre autres, le commerce des biens et des services, la protection des investisseurs et la protection des droits de propriété intellectuelle. Pour les États-Unis, l'objectif principal des accords commerciaux est de réduire les obstacles aux exportations américaines, de protéger les intérêts américains face à la concurrence internationale et de renforcer l'État de droit dans le ou les pays partenaires de l'ALE.

Actuellement, les États-Unis ont conclu 14 accords de libre-échange avec 20 pays. Ces accords peuvent aider votre entreprise à pénétrer et à être plus compétitive sur le marché mondial grâce à des droits de douane nuls ou réduits et à d'autres dispositions.

Principaux avantages des accords de libre-échange

Les avantages des accords de libre-échange (ALE) pour votre produit peuvent nécessiter une tenue de registres plus importante, mais peuvent également lui conférer un avantage concurrentiel par rapport aux produits d'autres pays. Les ALE américains couvrent généralement un large éventail d'activités gouvernementales affectant votre entreprise :

- Réduction ou suppression des droits de douane sur les biens admissibles. Par exemple, un pays qui applique habituellement un droit de douane de 12 % sur la valeur du produit importé supprimera ce droit pour les produits originaires (au sens de l'ALE) des États-Unis. Vos produits seront ainsi plus compétitifs sur le marché.

- Protection de la propriété intellectuelle : protection et application des droits de propriété intellectuelle détenus par les Américains dans le pays partenaire de l'ALE.
- Normes de produits : la capacité des exportateurs américains à participer à l'élaboration des normes de produits dans le pays partenaire de l'ALE.
- Vente au gouvernement : possibilité pour une entreprise américaine de soumissionner sur certains marchés publics dans le pays partenaire de l'ALE.
- Sociétés de services : possibilité pour les fournisseurs de services américains de fournir leurs services dans le pays partenaire de l'ALE.
- Traitement équitable pour les investisseurs américains, à condition qu'ils soient traités aussi favorablement que le pays partenaire de l'ALE traite ses propres investisseurs et leurs investissements ou les investisseurs et les investissements de tout pays tiers.

Classification des industries et des produits

Il existe trois systèmes de classification normalisés pour le commerce des marchandises : le **Système harmonisé (SH)** , le Système de classification des industries de l'Amérique du Nord (SCIAN) et la Classification type pour le commerce international (CTCI). Par ailleurs, d'autres classifications sont utilisées pour les statistiques commerciales, notamment la catégorie de produits d'utilisation finale et les produits de technologie avancée (PTA).

Système harmonisé (code SH)

Le **Système harmonisé** est un système international de classification normalisé entre les pays selon un niveau de base à six chiffres, avec des définitions spécifiques à chaque pays pour les niveaux à huit et dix chiffres. Il est utilisé pour classer les biens physiques. Aux États-Unis, la classification des marchandises est présentée dans deux publications, la liste B concernant l'exportation.

- **Annexe B** – Les statistiques d'exportation sont initialement collectées et compilées selon environ 8 000 classifications de produits figurant dans l'Annexe B, Classification statistique des produits nationaux et étrangers exportés des États-Unis, une publication du Bureau du recensement des États-Unis, basée sur le Système harmonisé. L'Annexe B est administrée par le Bureau du recensement des États-Unis.

Pourquoi avez-vous besoin d'un code SH ?

Les codes SH servent à calculer les droits de douane sur les produits. Ils sont nécessaires pour remplir les documents d'expédition (factures commerciales, bordereaux de colisage, etc.) et facilitent le dédouanement, évitant ainsi les retards et les problèmes de conformité en fournissant un moyen standardisé d'identifier votre produit à l'international. Il existe plusieurs types de droits de douane. Pour plus d'informations sur les ressources tarifaires, consultez **la page « Aperçu et ressources des droits de douane »** .

Système de classification des industries de l'Amérique du Nord (SCIAN)

Le Système de classification des industries de l'Amérique du Nord (SCIAN) est un système uniforme d'analyse économique pour les trois partenaires de l'Accord de libre-échange nord-américain (ALENA) : le Canada, le Mexique et les États-Unis. Le SCIAN repose sur un cadre conceptuel axé sur la production ou l'offre, où les établissements sont regroupés en industries selon des procédés similaires utilisés pour produire des biens ou des services. Le SCIAN est un système de codage hiérarchique à six chiffres.

Classification type pour le commerce international (CTCI)

Classification statistique des produits entrant dans le commerce extérieur, conçue pour fournir les agrégats de produits nécessaires à l'analyse économique et pour faciliter la comparaison internationale des données commerciales par produit.

Catégorie de produit d'utilisation finale

Le Système tarifaire harmonisé des États-Unis et les systèmes de classification de la Liste B sont résumés en six catégories principales d'« utilisation finale », elles-mêmes subdivisées en environ 140 grands groupes de produits. Ces catégories servent à établir les totaux corrigés des variations saisonnières et en dollars constants. Le concept de demande d'utilisation finale a été développé à des fins de balance des paiements par le Bureau of Economic Analysis.

Produits de technologie avancée (ATP)

Environ 500 des 22 000 codes de classification des produits utilisés dans les rapports sur le commerce de marchandises aux États-Unis sont identifiés comme des codes de « technologie avancée » et répondent aux critères suivants :

- Le code contient des produits dont la technologie est issue d'un domaine de haute technologie reconnu (par exemple la biotechnologie).
- Ces produits représentent une technologie de pointe dans ce domaine.
- Ces produits constituent une part importante de tous les articles couverts par le code de classification sélectionné.

Cette mesure de la technologie de pointe basée sur les produits et les marchandises diffère des mesures plus larges basées sur l'industrie du SCIAN, qui incluent tous les biens produits par un groupe industriel particulier, quel que soit le niveau de technologie incorporé dans les biens.

Trouver des acheteurs et des partenaires qualifiés

Trouver des acheteurs ou des partenaires

Trouver des acheteurs étrangers : missions commerciales

Vous cherchez à trouver davantage d'acheteurs ou de partenaires étrangers ? Dans le cadre de votre planification export, pensez à participer à une mission commerciale du Département du Commerce des États-Unis. Les entreprises américaines sont organisées pour se rendre à l'étranger et sont dirigées par des experts du secteur ou de hauts fonctionnaires.

Missions commerciales organisées par le ministère du Commerce des États-Unis

Chaque année, de nombreuses entreprises américaines participent aux missions commerciales organisées par le Département du Commerce. Exploitez de nouveaux prospects, des opportunités de partenariat et des ventes internationales grâce aux avantages suivants :

- Rencontres individuelles avec des dirigeants d'industries étrangères et des représentants gouvernementaux, présélectionnés pour correspondre à vos objectifs commerciaux spécifiques, qu'il s'agisse de représentation, de ventes directes ou de coentreprises sur le marché local.
- Événements de réseautage avec des invités de multiplicateurs industriels locaux, notamment des

chambres de commerce, des associations et des conseils d'entreprises influents dans le monde des affaires.

- Réunions d'information et tables rondes avec la communauté juridique et commerciale sur les pratiques et opportunités commerciales locales.
- Visites de sites dans des installations locales où vos technologies/services peuvent être appliqués.
- Couverture médiatique .

Trouver des acheteurs étrangers : les salons professionnels

Diversifiez votre stratégie commerciale internationale en présentant vos produits lors de grands salons internationaux ou en rencontrant des acheteurs étrangers lors de salons américains. Le Service Commercial US propose de nombreux services pour optimiser votre expérience sur les salons.

Programmes de salons d'exportation

Développez de nouveaux prospects, des opportunités de partenariat et des ventes dans le cadre de vos stratégies de vente internationales en bénéficiant de l'assistance du Département du Commerce des États-Unis lors des salons d'exportation nationaux et internationaux. Voici quelques exemples de méthodes pour trouver des acheteurs internationaux grâce à des programmes d'événements commerciaux populaires :

Programme d'acheteurs internationaux

- Le Programme d'Acheteurs Internationaux (IBP) soutient les principaux salons nationaux présentant des produits et services américains à fort potentiel d'exportation. Les experts commerciaux du Service Commercial des États-Unis, présents dans les ambassades et consulats américains du monde entier, recrutent des acheteurs étrangers potentiels pour participer à certains salons et les mettent en relation avec des exposants américains.

- En plus des opportunités de réseautage, les entreprises américaines participantes bénéficient de conseils pratiques en matière d'exportation, d'analyses marketing et de services de mise en relation par les experts nationaux et sectoriels du Commerce.
- Chaque année, l'IBP sélectionne et promeut une trentaine de salons américains qui attirent en moyenne 13 000 acheteurs étrangers. Il en résulte des centaines de millions de dollars de nouveaux contrats pour les exposants américains dans divers secteurs industriels de premier plan.

Salons certifiés

- Les salons professionnels sont des vitrines où des milliers d'entreprises de nombreux pays présentent leurs produits et services. Ils constituent un véritable marché où acheteurs et vendeurs peuvent se rencontrer en toute convivialité.
- De nombreux salons professionnels sont certifiés par le Département du Commerce des États-Unis. La certification d'un salon ou d'un pavillon américain représente une reconnaissance du Département du Commerce, garantissant aux entreprises américaines

une opportunité de qualité et diversifiée pour commercialiser leurs produits à l'étranger avec succès.

- Au pavillon américain, les professionnels du Service commercial américain aident les entreprises américaines en facilitant l'accès aux acheteurs, agents et représentants du secteur étrangers. Ces services comprennent des séances d'information sur les marchés sectoriels et nationaux avant le salon, des conseils personnalisés à l'exportation, des activités de promotion sur place, et bien plus encore. Chaque année, le Département du Commerce des États-Unis certifie une centaine d' événements dans plus de 23 pays, dans divers secteurs d'activité.

Service agricole étranger (www.fas.usda.gov)

Grâce à un réseau de conseillers, d'attachés, d'agents commerciaux, d'analystes de produits de base et de spécialistes en marketing, le Service agricole extérieur (FAS) du ministère de l'Agriculture peut aider à organiser des contacts à l'étranger et fournir une assistance marketing aux entreprises qui exportent des produits agricoles.

Profils d'entreprises internationales

Un profil d'entreprise international (ICP) est un rapport de base sur une entreprise étrangère spécifique préparé par les agents commerciaux du service commercial américain dans les ambassades et consulats américains.

Ces rapports comprennent :

- Informations sur l'entreprise
- Année de création

- Taille relative
- Nombre d'employés
- Réputation générale
- Territoire couvert
- Capacités linguistiques
- Lignes de produits traitées
- Principaux propriétaires
- Références financières
- Références commerciales

Chaque ICP contient également un rapport général de l'agent du service commercial américain qui a mené l'enquête concernant la fiabilité de la société étrangère.

Le service ICP est proposé dans les pays où les organismes privés de crédit et les informations sur les entreprises locales sont insuffisants. Les rapports de solvabilité des entreprises étrangères sont disponibles auprès de nombreuses sources privées, notamment (aux États-Unis) Dun & Bradstreet et Graydon International.

Recherche de partenaires internationaux

Grâce à la recherche de partenaires internationaux du Service Commercial des États-Unis, des équipes d'experts réparties dans plus de 75 pays s'efforcent de vous trouver les partenaires stratégiques les plus adaptés. Vous fournissez vos supports marketing et l'historique de votre entreprise. Le Service Commercial des États-Unis s'appuie sur son solide réseau international pour interviewer des partenaires potentiels et vous fournir une liste de cinq entreprises présélectionnées. En travaillant uniquement avec des entreprises présélectionnées

intéressées par l'achat ou la vente de vos produits et services, vous gagnez un temps précieux et économisez de l'argent.
La recherche de partenaires internationaux vous permet d'obtenir des informations de marché de haute qualité en 15 jours. Cette recherche fournit des informations sur la taille, le chiffre d'affaires, l'ancienneté et le nombre d'employés de chaque partenaire potentiel, ainsi qu'une déclaration de chaque partenaire potentiel sur la valeur marchande de votre produit ou service. Vous recevrez également les coordonnées complètes des personnes clés parmi les partenaires potentiels intéressés par votre entreprise.

Planifiez votre stratégie d'entrée sur le marché : conseils à l'exportation

Le Service commercial des États-Unis dispose d'un réseau mondial de professionnels du commerce possédant une expertise terrain dans le monde entier. Ses services sont variés et variés : ils peuvent vous aider à planifier vos exportations, à gérer les formalités douanières et les formalités administratives, à trouver des acheteurs étrangers présélectionnés, à identifier les meilleurs marchés d'exportation, à vous accompagner lors des salons professionnels, à réaliser des études de marché internationales, et bien plus encore. Pour répondre à d'autres besoins spécifiques à l'exportation, tels que le financement commercial et la réduction des risques, les professionnels du commerce travaillent en partenariat avec des agences comme la Small Business Administration (SBA) des États-Unis et la Banque d'import-export des États-Unis.
Conseil à l'exportation

- Développer des stratégies efficaces d'entrée sur le marché et de vente.
- Comprendre les exigences en matière de documentation d'exportation et les réglementations d'importation des marchés étrangers.
- Naviguez dans les contrôles à l'exportation, la conformité et les options de financement du commerce du gouvernement américain

Matchmaking d'affaires

- Connectez-vous avec des partenaires potentiels présélectionnés.
- Faites la promotion de votre produit ou service auprès d'acheteurs potentiels lors d'événements commerciaux dans le monde entier.
- Rencontrez les décideurs internationaux de l'industrie et du gouvernement sur vos marchés cibles

Intelligence de marché

- Analyser le potentiel du marché et les concurrents étrangers.
- Obtenez des informations utiles sur les meilleures perspectives, le financement, les lois et les questions culturelles.
- Effectuer des vérifications des antécédents des acheteurs et des distributeurs potentiels.

Diplomatie commerciale

- Surmonter les obstacles commerciaux pour pénétrer avec succès les marchés internationaux.

- Bénéficiez d'un engagement coordonné du gouvernement américain avec les gouvernements étrangers pour protéger les intérêts commerciaux américains.
- Accédez au plaidoyer commercial du gouvernement américain pour vos appels d'offres pour les marchés publics étrangers.

Autres moyens de trouver des acheteurs ou des partenaires

Exporter vos produits vers les marchés étrangers peut être un excellent moyen de développer votre entreprise et d'atteindre de nouveaux clients.

Voici quelques conseils tirés des résultats de recherche :

1. Utilisez les annuaires et les moteurs de recherche en ligne :

Les annuaires et moteurs de recherche en ligne peuvent vous aider à identifier les marchés internationaux pour vos produits d'exportation et à entrer en contact avec des acheteurs internationaux. Vous pouvez utiliser ces plateformes pour trouver les coordonnées d'acheteurs potentiels et les contacter directement.

2. Travailler avec des agences étrangères :

Le moyen le plus fiable de trouver des acheteurs pour vos produits d'exportation est de collaborer avec une agence d'importation étrangère. De nombreux pays disposent de sociétés commerciales gérées par l'État qui travaillent par l'intermédiaire des ambassades d'autres pays.

3. Envoyer des e-mails ou des messages :

Vous pouvez envoyer des e-mails ou des messages à des acheteurs potentiels ou sérieux pour présenter votre produit et engager la conversation. Veillez à utiliser des références et des liens pertinents dans vos e-mails pour gagner leur confiance.

4. Affaires en ligne à l'étranger :

Le e-commerce désigne les ventes en ligne B2B et B2C, un terme qui englobe toutes les activités en ligne d'une entreprise pour vendre aux consommateurs, tant au niveau national qu'international. Il comprend :

- La vente via un site internet
- La publicité en ligne qui mène à une vente
- La construction de la marque qui permet de lier le tout sous forme de récit pour les consommateurs.

5. Recherchez et faites des recherches sur les réseaux sociaux :

Facebook, LinkedIn et d'autres groupes de médias sociaux peuvent être un excellent moyen d'obtenir l'avis de la population locale et de poser des questions sur les prix et les produits.

6. Établir des relations avec les acheteurs :

Trouver des acheteurs potentiels ne suffit pas ; il faut aussi établir une relation de confiance avec eux. Vous devez :

- Assurez un suivi régulier auprès des acheteurs et fournissez-leur des informations et des mises à jour pertinentes :
- Répondez à leurs questions et répondez à leurs préoccupations rapidement et professionnellement.

- Fournissez-leur des échantillons, des témoignages ou des références si possible.
- Négocier les termes et conditions de la vente, tels que le prix, le mode de paiement, le délai de livraison, la garantie, etc.
- Signer un contrat ou un accord qui précise les détails de la transaction.
- Livrez votre produit à temps et en bon état.
- Demandez des commentaires et des suggestions d'amélioration.

Annuaires en ligne pour trouver des acheteurs étrangers

Il existe plusieurs annuaires en ligne qui peuvent vous aider à trouver des acheteurs étrangers pour vos activités d'exportation. Voici quelques-uns des meilleurs annuaires selon les résultats de recherche :

1. **Thomasnet** : Thomas est une plateforme leader d'approvisionnement et de marketing industriel qui permet aux fabricants, distributeurs et fournisseurs de services nord-américains de se développer grâce à la découverte de produits basée sur les données et à des solutions de marketing stratégique.

2. **Commerce extérieur en ligne** : Ce site propose un annuaire convivial et d'autres outils utiles, comme une liste de salons professionnels consultables et de nombreuses informations sur les voyages et les inspections. Il vise également à faciliter l'accès des petites et moyennes entreprises

(PME) aux marchés mondiaux et à leur offrir la possibilité de développer leurs capacités et de rayonner au-delà de leurs frontières.

3. Wholesale Central : Annuaire B2B de grossistes et de dropshippers . Il s'agit du répertoire B2B leader des fournisseurs et des produits de gros. Il offre de puissants outils de sourcing pour aider les revendeurs à trouver des milliers de grossistes, d'importateurs, de distributeurs, de dropshippers et de fabricants présélectionnés .

4. Administration du commerce international : L'Administration du commerce international propose des services personnalisés pour vous aider à trouver de nouveaux acheteurs et partenaires.

5. Le Service agricole extérieur (FAS) : Le FAS collabore avec plus de 70 groupes de coopération représentant un échantillon représentatif de l'industrie agroalimentaire américaine et gère un ensemble de programmes de promotion commerciale pour aider les exportateurs américains à développer et à maintenir des marchés pour des centaines de produits. Le FAS soutient également les exportateurs agricoles américains par le biais de programmes de garantie de crédit à l'exportation et d'autres formes d'assistance.

6. Portail Export : Export Portal est une plateforme de commerce électronique B2B qui vise à devenir une plateforme de commerce international complète pour les petites et moyennes entreprises (PME) et leurs homologues. Grâce à notre place de marché B2B gratuite, les entreprises peuvent trouver de nouveaux marchés pour leurs produits et services et étendre leur portée à un public mondial. Nos avantages exclusifs comprennent une variété de fonctionnalités et d'outils pour aider les entreprises à réussir à l'international.

Il s'agit d'une plateforme en ligne offrant aux petites et moyennes entreprises (PME) un point d'accès unique aux marchés internationaux, les aidant à s'implanter ou à développer leurs activités avec des partenaires étrangers. Nos membres peuvent ainsi échanger, réseauter et communiquer en toute confiance avec d'autres entreprises et experts reconnus du monde entier.

7. Le service d'assistance au commerce mondial (GTH) : Le Global Trade Helpdesk (GTH) est une initiative multi-agences menée conjointement par l'ITC, la CNUCED et l'OMC qui vise à simplifier les études de marché pour les entreprises, et en particulier les micro, petites et moyennes entreprises (MPME), en intégrant les informations commerciales et commerciales dans un portail en ligne unique.

8. Tradekey : Il s'agit d'une place de marché B2B mondiale en ligne pour l'achat et la vente d'actifs et d'entreprises en ligne. C'est un lieu de rencontre pour les propriétaires d'entreprises en ligne qui souhaitent échanger des actifs, notamment des vêtements, des applications mobiles, de l'électronique, des meubles, des produits chimiques, des produits de beauté et de soins personnels, et bien plus encore. Ce site est un portail B2B en ligne pour les entrepreneurs et les dirigeants de petites entreprises modernes.

9. ExportHub : Il s'agit d'une place de marché B2B internationale fonctionnant comme une plateforme de vente en ligne spécialisée dans la facilitation des échanges entre les pays et la résolution des problèmes rencontrés par les entreprises lors de l'importation et de l'exportation de marchandises.

10. Global Source : Global Sources est une plateforme d'approvisionnement multicanal en ligne vers hors ligne (O2O) reconnue à l'échelle internationale pour faciliter le commerce mondial.

11. IndiaMart : À partir d'ici, vous pouvez trouver des importateurs en provenance d'Inde.

12. Kompass : Il s'agit d'un annuaire mondial pour le B2B, utile pour trouver à la fois des acheteurs et des fournisseurs à l'international.

Ces annuaires en ligne peuvent vous aider à trouver des acheteurs étrangers pour vos activités d'exportation. Cependant, il est important de rechercher et d'évaluer chaque annuaire afin de déterminer celui qui convient le mieux à votre entreprise.

Exigences légales et enregistrements

Choisissez une structure d'entreprise pour exporter depuis les États-Unis

Entreprise individuelle

L'entreprise individuelle est facile à créer et vous donne un contrôle total sur votre activité. Elle est automatiquement considérée comme une entreprise individuelle si vous exercez une activité commerciale sans vous enregistrer sous une autre forme juridique.

Les entreprises individuelles ne constituent pas une entité commerciale distincte. Cela signifie que vos actifs et passifs professionnels ne sont pas distincts de vos actifs et passifs personnels. Vous pouvez être tenu personnellement responsable des dettes et obligations de l'entreprise. Les entrepreneurs individuels peuvent néanmoins obtenir une raison sociale. Il peut également être difficile de lever des fonds, car il est impossible de vendre des actions et les banques hésitent à accorder des prêts aux entreprises individuelles.

L'entreprise individuelle peut être un bon choix pour les entreprises à faible risque et les propriétaires qui souhaitent tester leur idée commerciale avant de créer une entreprise plus formelle.

Partenariat

Les sociétés de personnes constituent la structure la plus simple permettant à deux personnes ou plus de détenir une entreprise ensemble. Il existe deux types courants de sociétés de personnes : les sociétés en commandite simple (SC) et les sociétés à responsabilité limitée (SRL).

Les sociétés en commandite simple ne comptent qu'un seul commandité à responsabilité illimitée, tandis que tous les autres associés ont une responsabilité limitée. Les associés à responsabilité limitée ont généralement un contrôle limité sur la société, ce qui est consigné dans un contrat de société. Les bénéfices sont reportés dans les déclarations de revenus des particuliers, et l'associé commandité (l'associé sans responsabilité limitée) doit également payer l'impôt sur le revenu des travailleurs indépendants.

Les sociétés à responsabilité limitée sont similaires aux sociétés en commandite simple, mais confèrent une responsabilité limitée à chaque associé. Une LLP protège chaque associé des dettes envers la société ; il n'est pas responsable des actes des autres associés.

Société à responsabilité limitée (SARL)

Une LLC vous permet de profiter des avantages des structures d'entreprise de type société et de type partenariat.

Les LLC vous protègent de la responsabilité personnelle. Dans la plupart des cas, vos biens personnels, comme votre véhicule, votre maison et vos comptes d'épargne, ne seront pas en danger si votre LLC fait face à une faillite ou à des poursuites judiciaires.

Les bénéfices et les pertes peuvent être répercutés sur vos revenus personnels sans être soumis à l'impôt sur les sociétés. Cependant, les membres d'une SARL sont considérés comme des travailleurs indépendants et doivent s'acquitter des cotisations sociales liées à leur activité indépendante.

Dans de nombreux États, les SARL peuvent avoir une durée de vie limitée. Lorsqu'un membre rejoint ou quitte une SARL, certains États peuvent exiger sa dissolution et sa reconstitution avec de nouveaux membres, sauf si un accord d'achat, de vente et de transfert de propriété existe déjà au sein de la SARL.

Les SARL peuvent être un bon choix pour les entreprises à risque moyen ou élevé, les propriétaires possédant d'importants biens personnels qu'ils souhaitent protéger et ceux qui veulent payer un taux d'imposition inférieur à celui d'une société par actions.

Corporation

Société C

Une société, parfois appelée « société C » , est une entité juridique distincte de ses propriétaires. Elle peut réaliser des bénéfices, être imposée et être tenue responsable légalement.

Les sociétés par actions offrent la meilleure protection à leurs propriétaires contre la responsabilité personnelle, mais leur création coûte plus cher que celle des autres structures. Elles requièrent également une tenue de registres, des processus opérationnels et des rapports plus complets.

S Corp

Une société S, parfois appelée S corp , est un type spécial de société conçu pour éviter l'inconvénient de la double imposition des sociétés C ordinaires. Les sociétés S permettent aux bénéfices, et à certaines pertes, d'être répercutés directement sur le revenu personnel des propriétaires sans jamais être soumis aux taux d'imposition des sociétés.

Choisissez le nom de votre entreprise et enregistrez-le pour le protéger

Vous pouvez choisir un nom d'entreprise qui reflète l'identité de votre marque et qui n'entre pas en conflit avec les types de biens et de services que vous proposez.

Une fois que vous avez choisi un nom qui vous plaît, il est essentiel de le protéger. Il existe quatre façons d'enregistrer le nom de votre entreprise. Chaque méthode d'enregistrement a un objectif différent, et certaines peuvent être légalement obligatoires selon la structure et la localisation de votre entreprise.

- Le nom de l'entité vous protège au niveau de l'État
- La marque vous protège au niveau fédéral
- Faire des affaires en tant que (DBA) ne donne pas de protection juridique, mais cela peut être légalement requis
- Le nom de domaine protège l'adresse du site Web de votre entreprise

Chacun de ces enregistrements de nom est juridiquement indépendant. La plupart des petites entreprises s'efforcent d'utiliser le même nom pour chaque type d'enregistrement, mais ce n'est généralement pas obligatoire.

Enregistrez votre entreprise

S'inscrire auprès des agences fédérales

Aux États-Unis, de nombreuses entreprises doivent déclarer des informations sur leurs bénéficiaires effectifs, c'est-à-dire les personnes qui possèdent ou contrôlent l'entreprise. Cette déclaration est adressée au Réseau de lutte contre la criminalité financière (FinCEN). Le FinCEN est un bureau du Département du Trésor américain. La déclaration aux bénéficiaires effectifs est une exigence de la loi sur la transparence des entreprises de 2021.

Les entreprises tenues de se conformer sont appelées « sociétés déclarantes ». Pour plus d'informations, consultez l'avis du FinCEN au BOI (PDF).

S'inscrire auprès des agences d'État

Si votre entreprise est une société à responsabilité limitée (LLC), une société par actions, une société de personnes ou une société à but non lucratif, vous devrez probablement vous inscrire auprès de tout État dans lequel vous exercez des activités commerciales.

En règle générale, vous êtes considéré comme exerçant des activités commerciales dans un État lorsque :

- Votre entreprise a une présence physique dans l'État
- Vous avez souvent des réunions en personne avec des clients dans l'État
- Une part importante des revenus de votre entreprise provient de l'État
- L'un de vos employés travaille dans l'État

Certains États vous permettent de vous inscrire en ligne, tandis que d'autres vous obligent à déposer des documents papier en personne ou par courrier.

Inscrivez-vous auprès des agences locales

En règle générale, vous n'avez pas besoin de vous inscrire auprès des gouvernements du comté ou de la ville pour créer votre entreprise.

Si votre entreprise est une LLC, une société, une société de personnes ou une société à but non lucratif, vous devrez peut-être déposer une demande de licences et de permis auprès du comté ou de la ville.

Certains comtés et villes exigent également que vous enregistriez votre DBA (un nom commercial ou un nom fictif) si vous en utilisez un.

Les gouvernements locaux déterminent les exigences en matière d'enregistrement, de licences et de permis. Visitez donc les sites Web des gouvernements locaux pour savoir ce que vous devez faire.

S'inscrire auprès de l'IRS pour obtenir un EIN

Après l'enregistrement de votre entreprise, vous devez vous inscrire auprès de l'IRS (Internal Revenue Service) pour demander un EIN (numéro d'identification d'employeur).

Qu'est-ce qu'un EIN

Le numéro d'identification d'employeur (EIN), souvent appelé numéro d'identification fiscale fédéral, est un numéro à neuf chiffres qui identifie votre entreprise de manière unique à des fins fiscales. Il s'agit d'un peu comme le numéro de sécurité sociale de votre entreprise. Toute structure commerciale, qu'il s'agisse d'une entreprise individuelle, d'une société de personnes, d'une SARL ou d'une société par actions, peut avoir besoin d'un EIN, notamment si elle prévoit d'embaucher des salariés, fonctionne comme une société par actions ou une société de personnes, déclare des impôts sur le travail, les accises, l'alcool, le tabac et les armes à feu, ou retient des impôts sur les revenus non salariaux versés à un étranger non résident. Avoir un EIN est plus qu'une simple formalité ; il est essentiel à la légitimité et à l'organisation de votre entreprise. Il vous permet d'ouvrir des comptes bancaires professionnels, d'établir des crédits professionnels, d'embaucher des employés et de respecter vos obligations fiscales fédérales et étatiques. De plus, vous pouvez en avoir besoin pour vos contrats, vos comptes fournisseurs et même pour obtenir un financement.

Préparation du dépôt d'une demande d'EIN

Avant de déposer une demande d'EIN, vous pouvez vous préparer. Commencez par déterminer votre admissibilité : pour déposer une demande d'EIN en ligne, votre entreprise doit être physiquement située aux États-Unis ou dans ses territoires. Vous devez également être en mesure d'identifier un responsable, c'est-à-dire la personne qui contrôle, gère ou dirige les opérations quotidiennes de l'entreprise et qui a accès à ses fonds. Cette personne doit posséder un numéro d'identification fiscale (NIF) valide, tel qu'un numéro de sécurité sociale, un numéro d'identification fiscale individuel (ITIN) ou un EIN existant.

Si vous remplissez ces conditions d'éligibilité, vous devrez rassembler les informations suivantes :

- Le nom légal complet de votre entreprise et tous les noms commerciaux ou noms « faisant affaire sous le nom » (DBA).
- L'adresse postale et l'adresse physique de votre entreprise.
- Votre type d'entité (par exemple, société, LLC) et la raison de votre demande d'EIN.
- Les principales activités de votre entreprise et le nombre d'employés que vous prévoyez d'avoir au cours de la première année.

Comment demander un EIN

Demander un EIN est simple et vous pouvez le faire de plusieurs manières, notamment en ligne, par courrier, par fax ou par téléphone (pour les candidats internationaux). Voici comment procéder :

- **Demande en ligne** : Le moyen le plus rapide et le plus simple d'obtenir un EIN est d'utiliser le système de demande d'EIN en ligne du site web de l'IRS. Ce service est disponible du lundi au vendredi à des heures précises. Une fois le formulaire en ligne rempli, vous recevrez votre EIN immédiatement. Préparez-vous à répondre à des questions sur votre entreprise, notamment sa structure juridique, le motif de votre demande et les informations relatives à la partie responsable.

- **Demande par courrier ou par fax** : Si vous préférez une demande papier, vous pouvez remplir le formulaire SS-4 et l'envoyer par courrier ou par fax à l'IRS. Les délais de traitement peuvent varier : les demandes par fax sont généralement traitées en quatre jours, tandis que les demandes par courrier peuvent prendre jusqu'à quatre semaines. Cette méthode est plus courante pour ceux qui ont besoin d'aide pour utiliser la demande en ligne, comme les entreprises étrangères.
- **Demandes téléphoniques pour les demandeurs internationaux** : Les demandeurs non américains peuvent demander un EIN en appelant le bureau international des EIN de l'IRS. Cette procédure est idéale pour les entités étrangères exerçant des activités commerciales aux États-Unis. Assurez-vous d'avoir toutes les informations nécessaires et soyez prêt à répondre aux questions pour vérifier votre éligibilité.

Utilisation de votre EIN

Une fois votre numéro EIN reçu, il est temps de l'utiliser. Il sert d'identifiant unique à votre entreprise et est essentiel à diverses fonctions.

- **Déclaration des impôts fédéraux**

Vous aurez besoin de votre numéro EIN pour déclarer vos impôts fédéraux. Ce numéro permet à l'IRS d'identifier votre entreprise, de suivre vos paiements d'impôts et de gérer vos démarches fiscales. L'utilisation correcte de votre numéro EIN dans vos déclarations fiscales peut éviter les retards et les problèmes de conformité avec l'IRS.

Au-delà de la simple identification de votre entreprise, un numéro d'identification fiscale (EIN) vous permet de demander plus efficacement les déductions et crédits d'impôt pertinents. Il simplifie également les démarches en cas de contrôle fiscal ou de litige relatif à votre situation fiscale.

- **Ouverture d'un compte bancaire professionnel**

Un compte bancaire professionnel distinct est essentiel pour séparer vos finances personnelles et professionnelles. La plupart des banques exigent un numéro d'identification fiscale (EIN) pour ouvrir un compte professionnel. Cette distinction simplifie la comptabilité et facilite le suivi des revenus et des dépenses de votre entreprise, un atout précieux en période d'impôts.

En ouvrant un compte bancaire professionnel avec votre numéro d'identification d'entreprise (EIN), vous accédez à divers outils et services financiers adaptés aux entreprises, tels que des prêts professionnels spécialisés, des lignes de crédit et des services aux commerçants. Ces avantages simplifient la gestion et le développement de votre entreprise.

- **Demande de crédit commercial**

Votre numéro d'identification d'entreprise (EIN) joue également un rôle dans l'établissement du crédit de votre entreprise. Les prêteurs et les agences de crédit l'utilisent pour évaluer la solvabilité de votre entreprise. L'établissement d'un crédit commercial peut vous aider à obtenir des prêts, à négocier de meilleures conditions avec vos fournisseurs et à ouvrir des perspectives de croissance.

Développer un profil de crédit professionnel solide avec votre numéro d'identification d'entreprise (EIN) vous permet d'accéder à de meilleures conditions de financement et de protéger votre crédit personnel. Cette séparation garantit que les difficultés rencontrées par votre entreprise n'auront pas d'impact direct sur votre solvabilité, vous offrant ainsi une plus grande sécurité financière.

- **Compléter la paie des employés**

Si vous avez ou prévoyez d'avoir des employés, votre numéro d'identification d'employeur (EIN) sera nécessaire à la gestion de votre paie. Il indique les cotisations sociales, y compris les cotisations de sécurité sociale et d'assurance-maladie. L'utilisation précise de votre EIN garantit le respect de la réglementation fédérale et préserve votre réputation professionnelle auprès de vos employés.

De plus, votre numéro d'identification fiscale (EIN) vous permet de fournir à vos employés des documents fiscaux précis et ponctuels, tels que les formulaires W-2. Cela favorise la transparence et la confiance au sein de vos équipes, réduisant ainsi le risque de pénalités pour déclaration erronée de salaires.

Conclusion

L'enregistrement de votre entreprise auprès de l'IRS et l'obtention d'un numéro d'identification fiscale (EIN) sont essentiels pour consolider la situation juridique de votre activité et ouvrir de nouvelles perspectives de croissance. En comprenant le processus et en exploitant les ressources disponibles, vous pourrez aborder le processus d'enregistrement en toute confiance. Un EIN est plus qu'un simple numéro d'identification fiscale : c'est un gage de crédibilité, de conformité et de compétences accrues pour développer et développer votre entreprise.

Licences d'exportation

Qu'est-ce qu'une licence d'exportation ?

Une licence d'exportation est un document d'expédition essentiel délivré par des agences gouvernementales qui autorisent le commerce de certaines marchandises à travers les frontières américaines.

Note:

- Toutes les exportations ne nécessitent pas de licence. Avant l'expédition, renseignez-vous auprès de l'organisme compétent sur les marchandises nécessitant un permis ou une licence pour exercer le commerce.
- L'organisme émetteur des licences d'exportation varie en fonction du type de marchandises que vous traitez.
- La licence d'exportation a une validité limitée, généralement 4 ans si le Bureau de l'industrie et de la sécurité la délivre.

Comment demander une licence d'exportation aux États-Unis ?

L'Administration du commerce international (ITA) indique que 95 % des exportations américaines ne nécessitent pas de licence d'exportation. Il est donc impératif, avant d'exporter, de déterminer si vos marchandises nécessitent une licence. L'exigence d'une licence/d'un permis d'exportation dépend de plusieurs facteurs, tels que :

- L'article exporté (produit ou technologie).
- Où il est exporté.
- Qui est le destinataire ?
- Quelle est l'utilisation prévue de l'article expédié ?

Voici comment vous pouvez demander une licence d'exportation aux États-Unis :

Étape 1 : Déterminez si vos marchandises nécessitent une licence d'exportation

- Renseignez-vous sur la composition et l'utilisation finale du produit que vous exportez. Sur cette base, vérifiez s'il relève de la catégorie des licences.
- L'ITA tient à jour une liste de contrôle consolidée. Vous avez besoin d'une licence d'exportation si vous exportez vers l'une des parties ou entités mentionnées dans cette liste.
- Si vos marchandises exportées relèvent de la juridiction du Règlement sur l'administration des exportations (EAR), vous devez obtenir une licence d'exportation auprès du Bureau de l'industrie et de la sécurité.

Étape 2 : Vérifiez les autres exigences de licence

Outre l'EAR, d'autres agences gouvernementales partenaires peuvent également exiger une licence pour certains types de marchandises exportées. Par exemple :

- Le Règlement sur le trafic international des armes peut prévoir des exigences en matière de licences ou de permis pour les biens ou services de défense.
- L'Office of Foreign Assets Control (OFAC) tient à jour une liste des personnes et entités soumises à certaines restrictions commerciales en raison de politiques étrangères. Selon le pays d'exportation, une licence d'exportation peut être requise. Les entités de l'OFAC figurent également sur la liste de contrôle consolidée.
- La Commission de réglementation nucléaire et la Food and Drug Administration administrent également les contrôles à l'exportation.

Remarque : Obtenez la licence d'exportation requise sur le site Web de l'agence concernée.

Étape 3 : Soumettez votre demande de licence d'exportation

Votre entreprise est-elle enregistrée auprès du BIS et dispose-t-elle d'un numéro d'identification d'entreprise (CIN) ?

- Oui : très bien, vous pouvez demander directement une licence d'exportation via le portail Simplified Network Application Processing (SNAP-R) du BIS.
- Non : pas d'inquiétude ! Vous pouvez enregistrer votre entreprise et obtenir le CIN en ligne. Ensuite, utilisez le portail SNAP-R pour demander une licence.

Documents requis pour les licences d'exportation américaines

Certains documents essentiels requis pour obtenir une licence d'exportation aux États-Unis comprennent :

- Numéro d'identification d'employeur (EIN) : obtenu auprès de l'IRS.
- Numéro Dun & Bradstreet (DUNS) : un numéro d'identification unique à 9 chiffres attribué aux entreprises par Dun and Bradstreet (D&B) ; les agences gouvernementales le reconnaissent comme un identifiant standard pour une entité commerciale spécifique.
- Documents de constitution ou d'enregistrement d'entreprise : preuve que votre entreprise est légalement enregistrée et opère aux États-Unis
- Informations sur le produit : telles que les codes du tarif douanier harmonisé (HTS) et le pays d'origine des produits que vous prévoyez d'exporter.
- Déclaration d'utilisation finale : Une déclaration décrivant l'utilisation prévue des marchandises exportées.
- Licence de courtier : si vous faites appel à un courtier en douane pour vos exportations, celui-ci doit posséder une licence de courtier en douane valide.
- Procuration : Si vous prévoyez d'autoriser une autre personne à agir en votre nom pendant la procédure d'obtention de licence. Les autres documents d'expédition comprennent le connaissement, la facture commerciale, le certificat d'inspection, le formulaire d'entrée auprès du CBP et les certificats pertinents des organismes gouvernementaux partenaires (PGA) concernés.

Les autres documents d'expédition comprennent le connaissement, la facture commerciale, le certificat d'inspection, le formulaire d'entrée CBP et les certificats pertinents des agences gouvernementales partenaires (PGA) concernées.

Remarque : Selon le type de marchandises importées ou exportées et la réglementation du pays de destination, des documents supplémentaires peuvent être exigés. Il est toujours préférable de vérifier auprès des autorités compétentes que vous disposez de tous les documents nécessaires avant d'entamer la procédure.

Conformité et documentation des exportations

Règlement sur l'administration des exportations (EAR)

Le Règlement sur l'administration des exportations (EAR) définit les règles d'exportation de biens susceptibles de menacer la sécurité nationale et la politique étrangère des États-Unis. Pour les entreprises, notamment celles qui fabriquent des produits réglementés, la compréhension du Règlement EAR est essentielle. Une conformité adéquate implique de classer correctement les articles, de savoir quand des licences d'exportation sont requises et d'utiliser les exceptions applicables. Cela permet non seulement d'éviter de lourdes amendes et la perte de droits d'exportation, mais aussi de garantir le traitement légal des technologies sensibles, ce qui contribue in fine à la protection des relations commerciales internationales et au maintien de la sécurité.

Les EAR sont des lois américaines qui définissent les règles et réglementations relatives à l'exportation et à la réexportation de biens commerciaux et à double usage (c'est-à-dire ayant des applications à la fois commerciales et militaires). Par exemple, les logiciels de chiffrement de données peuvent être utilisés dans les opérations commerciales quotidiennes, mais aussi dans le cadre militaire pour sécuriser les communications.

Les EAR sont délivrés par le Département du Commerce des États-Unis, Bureau de l'industrie et de la sécurité (BIS) en vertu des lois relatives au contrôle de certaines exportations, réexportations et activités.

Qui doit se conformer à l'EAR ?

Les acteurs des secteurs suivants doivent se conformer à l'EAR en raison du type de produits et de technologies qu'ils produisent et exportent :

- **Technologie et électronique.** Ces entreprises produisent souvent des logiciels, du matériel informatique et des équipements de télécommunications.
- **Aéronautique et aérospatiale.** Ce secteur traite des systèmes de navigation et des pièces d'aéronefs, qui ont des applications militaires évidentes.
- **Biologiques et chimiques.** Les fabricants de ce secteur peuvent manipuler des substances et des agents biologiques susceptibles d'être utilisés dans le développement d'armes.
- **Fabrication et ingénierie.** Cela inclut les entreprises qui produisent des machines et des équipements industriels pouvant servir au développement d'armes et d'autres outils à usage militaire.
- **Recherche et développement.** Les entités de R&D développent souvent des technologies avancées (comme l'intelligence artificielle) ayant des applications commerciales et militaires potentielles.

Comment fonctionne le système de classification EAR ?

Le BIS s'appuie sur un système de classification qui classe les biens à double usage à l'aide de numéros de classification des contrôles à l'exportation (ECCN) figurant sur la Liste de contrôle du commerce (CCL). Chaque ECCN identifie le niveau de contrôle requis en fonction de la nature du bien et de sa destination finale.

Ces classifications permettent de déterminer si vous avez besoin d'une licence d'exportation pour un article spécifique. Par exemple, si vous exportez un logiciel de chiffrement de données, il peut relever d'un ECCN particulier nécessitant une licence, notamment s'il est expédié vers un pays appliquant des contrôles d'exportation stricts.

À quels articles s'applique l'EAR ?

Il est important de noter que cet ensemble de réglementations couvre une gamme diversifiée d'articles, notamment les logiciels, l'électronique et les produits chimiques.

1. **Articles à double usage.** Biens, logiciels et technologies ayant des applications commerciales et militaires.
2. **Articles commerciaux.** Il s'agit de produits qui ne sont pas spécifiquement conçus pour un usage militaire, mais qui pourraient avoir des applications militaires.
3. **Articles d'origine américaine** . Tout article fabriqué aux États-Unis, y compris ceux fabriqués à l'étranger et contenant des composants ou une technologie américains au-delà du seuil de minimis.

4. **Certains articles fabriqués à l'étranger.** Produits fabriqués à l'étranger contenant une quantité supérieure à la quantité minimale de matériaux fabriqués aux États-Unis.

Quelles sont les exceptions à la licence EAR ?

L'EAR autorise les entreprises à exporter certains produits sans licence, sous certaines conditions. Voici quelques exceptions importantes :

- **Expéditions de faible valeur (EFV).** L'EAR autorise l'exportation de certains articles de faible valeur sans licence, à condition qu'ils ne dépassent pas un seuil de valeur spécifique pour leur ECCN et leur destination. Par exemple, l'exportation de composants électroniques d'une valeur inférieure à 2 500 $ vers certains pays peut être admissible à l'EFV.
- **Technologie et logiciels restreints (TSR).** Cette exception autorise l'exportation de logiciels et de technologies vers les pays éligibles, comme certains pays d'Europe occidentale, sans licence. Cette exception s'applique généralement aux articles moins sensibles relevant de l'EAR.
- **Produits, logiciels et technologies de chiffrement (ENC).** Les entreprises peuvent exporter des produits de chiffrement dans certaines circonstances sans licence, à condition qu'ils répondent à des spécifications techniques et à des exigences de déclaration définies. Par exemple, des logiciels de

chiffrement grand public peuvent être exportés vers des pays non soumis à embargo sous couvert d'ENC.

Liste de contrôle de conformité EAR

Rester en conformité avec la réglementation sur l'administration des exportations est crucial pour toute entreprise manipulant des technologies sensibles. Voici une liste de contrôle simple pour vous aider à vous conformer à la réglementation EAR et à protéger votre entreprise contre d'éventuelles sanctions :

- Déterminez vos classifications de produits

Commencez par déterminer si vos produits sont considérés comme des biens à double usage, c'est-à-dire s'ils ont des applications commerciales et militaires. Utilisez les numéros ECCN de la liste des produits dangereux pour classer vos articles avec précision. Cette première étape obligatoire vous aidera à mieux comprendre les contrôles applicables à vos produits.

- Comprendre vos exigences en matière de licences

Chaque ECCN décrit les contrôles en fonction de la nature de l'article et de sa destination. Vérifiez si une licence d'exportation est nécessaire en tenant compte de l'ECCN, du pays de destination, de l'utilisateur final et de l'usage prévu de l'article. Par exemple, l'exportation de certains logiciels de chiffrement peut nécessiter une licence spécifique, selon le lieu et l'utilisation prévus.

- Vérifier les exceptions de licence

Certaines exportations peuvent bénéficier d'exceptions de licence au titre de l'EAR, ce qui permet de gagner du temps et de réduire les formalités administratives. Chaque exception a ses propres critères, selon l'article, la destination et l'utilisation finale. Assurez-vous de bien comprendre ces exceptions afin d'éviter les exportations non autorisées.

- Mettre en œuvre une stratégie de conformité

Établissez des politiques, des formations et des procédures internes pour garantir que l'ensemble du personnel comprenne et respecte les exigences de l'EAR. Il est particulièrement important de mettre en place des mesures de contrôle d'accès appropriées afin de respecter la règle d'exportation réputée de l'EAR, qui concerne le partage de technologies ou de codes sources de logiciels contrôlés avec un ressortissant étranger aux États-Unis. En vertu de cette disposition, l'exportation réputée est traitée comme si la technologie ou le logiciel était exporté vers le pays d'origine du ressortissant étranger. Par conséquent, une licence d'exportation peut être requise selon la classification de la technologie et le pays d'origine du ressortissant étranger.

- Tenir des registres précis

En vertu de l'EAR, les entreprises sont tenues de conserver une documentation détaillée de leurs transactions d'exportation, de leurs licences et de leurs efforts de conformité pendant au moins cinq ans. Cette tenue de registres rigoureux sera utile en cas d'audit ou d'enquête. Des registres précis permettent de prouver que vos exportations ont été réalisées légalement et conformément aux règles de l'EAR.

- Planifier des audits internes

La réalisation régulière d'audits internes vous permettra de garantir la conformité de vos processus de conformité aux exigences EAR. Ces audits permettent d'identifier les lacunes dans vos procédures, de vérifier l'exactitude des enregistrements et de garantir que votre personnel reste informé des pratiques de conformité et des mises à jour réglementaires.

- Signaler immédiatement les violations

Si vous constatez des infractions, signalez-les immédiatement au BIS. L'auto-déclaration peut souvent entraîner une réduction des sanctions et témoigne de la proactivité de votre entreprise pour corriger les problèmes et améliorer les processus de conformité.

- Restez informé des changements réglementaires

L'EAR est régulièrement mis à jour pour tenir compte des nouvelles technologies, des menaces et des évolutions de la politique américaine. Ces mises à jour peuvent concerner des modifications de la liste des produits dangereux, une reclassification des articles, des restrictions spécifiques à chaque pays ou de nouvelles exigences en matière de licences. En résumé, une surveillance régulière permet aux entreprises de garantir leur conformité et d'éviter des conséquences juridiques et financières.

Codes de l'annexe B et classification des produits

Que sont les codes de l'annexe B ?

Le code Schedule B est un système de codage spécifique aux États-Unis, administré par la Division de la gestion du commerce international du Bureau du recensement des États-Unis, afin de surveiller les exportations américaines. Ces codes reprennent la forme des codes SH pour les six premiers chiffres, mais incluent quatre chiffres supplémentaires, pour un total de dix chiffres. Ces numéros supplémentaires permettent une classification plus détaillée des produits.

Bien que similaires dans leur structure, les codes de l'annexe B diffèrent des codes du Tarif douanier harmonisé (HTS), utilisés pour les importations. Les exportateurs doivent identifier en priorité le code de l'annexe B correspondant à leurs produits, et c'est la classification utilisée pour les informations électroniques d'exportation (EEI) que vous soumettez à AESDirect .

Voici quand vous devez signaler un code Schedule B via AESDirect :

- Lorsque la valeur de vos biens selon le numéro de l'annexe B dépasse 2 500 $
- Lorsque votre produit nécessite une licence d'exportation
- Lors de l'exportation d'un véhicule d'occasion
- Lors de l'exportation vers la Chine, la Russie ou le Venezuela, quelle que soit la valeur (au 27 septembre 2020)

Si vous payez votre transitaire ou un autre tiers pour qu'il effectue le dépôt en votre nom, vous devez inclure le code de l'annexe B sur la lettre d'instructions de l'expéditeur (SLI) que vous leur remettez.

Voici un résumé des codes de l'annexe B :

- Contient 10 chiffres
- Utilisé exclusivement aux États-Unis et exclusivement pour les exportations
- Peut différer des codes HTS utilisés pour les importations

Moteur de recherche de l'annexe B

Afin d'aider les exportateurs à fournir des statistiques commerciales plus précises et les déclarants à déterminer leur code de marchandise d'exportation (numéro de l'annexe B), le Commerce international propose un outil de recherche de marchandises de l'annexe B. Cet outil offre une méthode de classification des produits plus intelligente, plus intuitive et plus précise. Il comprend et interprète les informations commerciales courantes et interagit de manière intelligente et intuitive avec les utilisateurs pour simplifier la classification. Cet outil a permis de réduire le temps de classification des produits et de fournir des résultats plus précis et cohérents, améliorant ainsi la qualité des statistiques commerciales.

Qu'est-ce qu'un numéro SH (code SH) ?

La classification du Système harmonisé (SH) est une méthode numérique normalisée de classification des produits échangés. **Les numéros SH** (ou codes SH) sont utilisés par les autorités douanières du monde entier pour identifier les produits afin d'évaluer , entre autres, les droits et taxes. Les codes SH comportent généralement dix chiffres. Cependant, les gouvernements harmonisent (superposent) les codes SH jusqu'aux six premiers chiffres. Des chiffres supplémentaires sont ajoutés au numéro SH par les gouvernements pour mieux distinguer les produits de certaines catégories. Conseil : un code SH peut être considéré comme un « code d'exportation ».

Existe-t-il une différence entre les numéros HS et Schedule B ?

Oui. Le numéro SH est un code international. Le code SH de base comporte six chiffres, appelés sous-positions. Le code Schedule B est un code à dix chiffres, basé sur les six premiers chiffres du code SH. De plus, le code Schedule B est un système de codage spécifique aux États-Unis, utilisé pour surveiller les exportations américaines (par exemple, pour la conformité des exportations et la collecte de données commerciales).

Les codes HTS , également appelés numéros **HTS** , sont administrés par la Commission du commerce international des États-Unis (ITC). Ils servent à classer les produits importés aux États-Unis. Conseil : Considérez le code HTS comme le « code d'importation » américain.

Les exportateurs doivent connaître la classification de leurs produits, c'est-à-dire le tableau B et les numéros SH, pour de nombreuses raisons, notamment :

- Classification des biens physiques destinés à être expédiés vers un pays étranger ;
- Déterminer les taux de droits de douane à l'importation et déterminer si un produit est admissible à un tarif

préférentiel dans le cadre d'un accord de libre-échange (numéro SH) ;

- Dépôt des informations électroniques d'exportation (EEI) ;
- Remplir les documents d'expédition, tels que la lettre d'instructions de l'expéditeur, la facture commerciale ou le certificat d'origine. (Numéro SH) ;
- Réalisation d'études de marché incluant l'analyse des statistiques commerciales.

Qu'est-ce qu'AESDirect et comment remplir un formulaire EEI ?

Introduction au système d'exportation automatisé (AES)

Avant l'AES, le système d'exportation était papier ; coûteux, exigeant en main-d'œuvre et sujet aux erreurs. L'AES utilise une technologie éprouvée d'une manière innovante pour résoudre un problème majeur du processus d'exportation. Il contribuera à repenser les modalités d'exportation américaines. Le Système automatisé d'exportation (AES) est un projet conjoint du CBP, de la Division du commerce extérieur du Bureau du recensement (Commerce), du Bureau de l'industrie et de la sécurité (Commerce), de la Direction du contrôle des échanges commerciaux de défense (État), d'autres agences fédérales et de la communauté des exportateurs.

Il s'agit du point central par lequel les données d'exportation requises par de multiples agences sont transmises électroniquement au CBP, grâce à l'efficacité de l'échange de données informatisé (EDI). AES offre une alternative au dépôt papier des informations électroniques d'exportation (EEI). Les informations d'exportation sont collectées électroniquement et modifiées immédiatement, et les erreurs sont détectées et corrigées au moment du dépôt. AES est un système national opérationnel dans tous les ports et pour tous les modes de transport. Il a été conçu pour garantir le respect et l'application des lois relatives à l'exportation, améliorer les statistiques commerciales, réduire les doublons de déclarations auprès de multiples agences et améliorer le service client.

ACE AESDirect

L'environnement commercial automatisé (ACE) AESDirect est l'outil principal de dépôt de vos informations d'exportation électroniques (EEI) au Système automatisé d'exportation (AES). Lorsqu'un déclarant soumet son EEI, l'AES traite les informations et, si elles sont acceptées, lui envoie un numéro de transaction interne (ITN).

Informations électroniques sur l'exportation (EEI)

Ce dépôt électronique, appelé « Déclaration électronique d'exportation » (EEI), est requis lorsque la valeur de la marchandise classée sous chaque numéro de l'annexe B est supérieure à 2 500 $, ou en cas d'obligation de déclaration, par exemple si une licence d'exportation est requise. L'EEI est transmis au Système automatisé d'exportation (AESDirect), hébergé sur la plateforme Automated Commercial Environment (ACE). L'exportateur est responsable de la préparation de l'EEI, et le transporteur le transmet au Service des douanes et de la protection des frontières des États-Unis via AES ou AES Direct.

Exigences de dépôt de l'EEI

Le dépôt de l'EEI est obligatoire quelle que soit la valeur ou la destination pour les envois suivants :

- d'une valeur supérieure à 2 500 $ par numéro de l'annexe B et est envoyée d'un exportateur à un acheteur en un jour calendaire par un transporteur ; (Conformément à la section 30.1(c) du FTR, la valeur est définie comme le prix de vente en dollars américains, plus le fret intérieur et national, l'assurance et les autres frais jusqu'au port maritime, à l'aéroport ou au port frontalier terrestre d'exportation des États-Unis) ;
- exigeant une licence d'exportation, quelle que soit la valeur ou la destination ;
- soumis à l'ITAR même s'ils sont exemptés des exigences de licence d'exportation, quelle que soit leur valeur ou leur destination ;
- relevant de la « série 600 » du numéro de classification du contrôle des exportations (ECCN) pour les articles énumérés aux paragraphes « a à x » ;
- nécessitant une licence Exception-Autorisation de Commerce Stratégique (STA) ;
- à destination de Cuba, de l'Iran, de la Corée du Nord, du Soudan ou de la Syrie (quelle que soit la valeur) ;
- diamants bruts, quelle que soit leur valeur (HTS 7102.10, 7102.21 et 7102.31) et leur destination ;
- véhicules automoteurs d'occasion;

Conseils

Si l'exportateur envoie des bagages ou des conteneurs contenant ses effets personnels ou ménagers d'une valeur de plus de 2 500 $ vers une destination étrangère, autre que le Canada, il doit déposer l'EEI et fournir l'ITN au transporteur conformément au calendrier.

Si l'exportateur expédie des marchandises par l'intermédiaire du service postal américain, il est tenu de déclarer l'EEI lorsque la valeur de la marchandise classée sous chaque numéro de l'annexe B est supérieure à 2 500 $, ou si l'exportation nécessite une déclaration EEI obligatoire (voir ci-dessus). L'exportateur doit soumettre l'avis d'exemption de déclaration ITN ou EEI au bureau de poste, le cas échéant.

Exemptions de déclaration EEI

- Lorsque la valeur de la marchandise classée sous chaque numéro individuel de l'annexe B est de 2 500 $ ou moins et que le dépôt obligatoire de l'EEI n'est pas requis.
- Les expéditions DES États-Unis vers le Canada de TOUT montant et le dépôt EEI obligatoire ne sont pas requis.
- Expéditions VERS les possessions américaines, à l'exception des territoires où le dépôt EEI est requis, c'est-à-dire entre les États-Unis et Porto Rico et des États-Unis vers les îles Vierges américaines).

Conseils

Si votre envoi est exempté de l'obligation de déclaration EEI, vous devez annoter le document commercial (lettre de transport aérien, connaissement et facture) avec la mention d'exemption. Indiquez « NOEEI » suivi de la mention du Règlement sur le commerce extérieur, par exemple « NOEEI 30.37(a) » pour les envois dont la valeur de chaque numéro de l'annexe B est inférieure ou égale à 2 500 $; « NOEEI ; 30.36 » pour les envois à destination du Canada, etc.

Qui peut effectuer le dépôt de l'EEI

Le déclarant des EEI pour les transactions d'exportation est soit l'USPPI, soit l'agent agréé des États-Unis. Tous les EEI soumis à l'AES doivent être complets, exacts et fondés sur une connaissance personnelle des faits déclarés ou sur les informations fournies par les parties à la transaction d'exportation. Le déclarant doit être physiquement situé aux États-Unis au moment du dépôt, posséder un EIN ou un DUNS et être certifié pour déclarer dans l'AES. En l'absence d'EIN ou de DUNS, le déclarant doit en obtenir un auprès de l'Internal Revenue Service.

Vous pouvez déclarer votre EEI pour votre transaction d'exportation en accédant au portail sécurisé ACE, accessible sur le site web du Service des douanes et de la protection des frontières des États-Unis. Les nouveaux utilisateurs devront créer un compte et obtenir un nom d'utilisateur et un mot de passe avant de déclarer leur transaction.

Pour en savoir plus sur le dépôt de l'EEI dans l'AES, notez ces ressources :

Vous pouvez déclarer votre EEI pour votre transaction d'exportation en accédant au portail sécurisé ACE, accessible sur le site web du Service des douanes et de la protection des frontières des États-Unis. Les nouveaux utilisateurs devront créer un compte et obtenir un nom d'utilisateur et un mot de passe avant de déclarer leur transaction.

Dépôt d'informations d'exportation électroniques (EEI) pour obtenir un numéro de transaction interne (ITN)

Vous avez besoin d'un ITN, mais vous ne savez pas comment procéder ? Vous pouvez déposer vous-même les informations d'exportation électroniques (EEI) pour obtenir un ITN ou confier cette tâche à un agent agréé. Si vous choisissez de déposer vous-même votre déclaration via le site web d'ACE, voici quatre étapes rapides pour créer un compte exportateur et démarrer sur ACE AESDirect :

1) Pour vous inscrire sur ACE, vous devez d'abord obtenir un numéro d'identification d'employeur (EIN) si vous n'en possédez pas déjà un. Pour obtenir cet EIN, vous devez disposer d'un numéro de sécurité sociale et d'une adresse physique aux États-Unis. Lors de l'inscription, il vous sera demandé d'indiquer le nom et l'adresse de votre entreprise. Si vous êtes un particulier (c'est-à-dire sans entreprise), indiquez simplement votre nom et votre adresse personnels. Cette adresse doit être située aux États-Unis.

2) Une fois votre numéro EIN reçu, remplissez le formulaire d'inscription d'exportateur ACE et soumettez-le. Vous recevrez ensuite un courriel de confirmation contenant un nom d'utilisateur (identifiant de compte) et un mot de passe temporaire.

3) Après avoir obtenu votre nom d'utilisateur et votre mot de passe temporaire, rendez-vous sur le site web d'ACE et cliquez sur « Connexion utilisateur Trade/PGA ». Cliquez ensuite sur « Créer un compte ». Le site web vous demandera de saisir votre prénom, votre nom, votre adresse e-mail et votre mot de passe (il s'agit d'un nouveau mot de passe que vous créez). Après avoir cliqué sur « S'inscrire », le site web d'ACE vous demandera de saisir le nom d'utilisateur et le mot de passe temporaire contenus dans l'e-mail reçu précédemment. Cela liera votre compte ACE modernisé à votre compte ACE existant.

4) Une fois connecté au site web d'ACE, sélectionnez « Exportateur » dans le menu déroulant « Comptes ». Sélectionnez le compte d'exportateur approprié en cliquant sur le lien correspondant dans la colonne « Nom du compte ». À droite de l'écran, sélectionnez « Soumettre le dépôt AES » pour lancer AESDirect . Assurez-vous que le bloqueur de fenêtres contextuelles de votre navigateur est complètement désactivé. Si vous accédez au portail ACE AESDirect pour la première fois , vous devez accepter les déclarations de certification pour continuer. Une fois sur le portail, cliquez sur « Créer un dossier d'exportation » et remplissez l'EEI pour obtenir un ITN.

Documents d'exportation essentiels

Facture pro forma

Une facture pro forma est un document important utilisé comme outil de négociation entre le vendeur et l'acheteur avant une expédition à l'exportation. Ce document doit être utilisé par le vendeur pour établir un devis au début d'une transaction d'exportation et deviendra la facture commerciale finale. Utilisé lors du dédouanement des marchandises dans le pays importateur. Ce document contient une description des marchandises (quantité, prix, poids, nature et autres spécifications). et est une déclaration du vendeur de fournir les produits et services à l'acheteur à la date et au prix indiqués.

Facture commerciale

La facture commerciale est un document juridique entre le l'exportateur et l'acheteur (dans ce cas, l'acheteur étranger) qui indique clairement les marchandises vendues et le montant que le client est à payer. La facture commerciale est l'un des principaux documents utilisés par les douanes pour déterminer les droits de douane. Une facture commerciale est une facture pour les marchandises du vendeur à l'acheteur. Ces Les documents sont souvent utilisés par les gouvernements pour déterminer la valeur réelle des marchandises lors de l'évaluation des droits de douane. Les gouvernements qui utilisent la facture commerciale pour contrôler les importations précisent souvent sa forme, son contenu, le nombre d'exemplaires, la langue à utiliser et d'autres caractéristiques.

Liste de colisage

Bien plus détaillée et informative qu'une liste de colisage nationale standard, une liste de colisage export indique le vendeur, l'acheteur, l'expéditeur, le numéro de facture, la date d'expédition, le mode de transport et le transporteur. Elle détaille également la quantité, la description, le type d'emballage (boîte, caisse, fût ou carton), le nombre de colis, le poids total net et brut (en kilogrammes), ainsi que les marques et dimensions des colis, le cas échéant. Les papeteries et les transitaires disposent de formulaires de liste de colisage. Une liste de colisage peut servir de document de conformité. Elle ne remplace pas une facture commerciale. De plus, les douanes américaines et étrangères peuvent l'utiliser pour vérifier la cargaison. donc la facture commerciale devrait refléter les informations présentées sur le liste de colisage.

Connaissement/lettre de transport aérien

Un connaissement est un contrat entre le propriétaire des marchandises et le transporteur (comme pour les expéditions nationales). expéditions maritimes , il y en a deux commun types : un connaissement simple, qui n'est pas négociable, et un connaissement négociable, ou le connaissement de l'expéditeur. Ce dernier peut être utilisé pour acheter, vendre ou échanger des marchandises pendant leur transport. Le client a généralement besoin d'un original connaissement comme preuve de propriété pour prendre possession des marchandises auprès du transporteur maritime.

Les expéditions de fret aérien nécessitent des lettres de transport aérien. Une voie aérienne La facture accompagne les marchandises expédiées par un transporteur aérien international. Le document fournit des informations détaillées sur l'expédition et permet il faut le suivre. Les lettres de transport aérien sont spécifiques à l'expéditeur et ne sont pas des documents négociables (contrairement aux connaissements « à ordre » utilisés pour les expéditions par navire).

Certificats d'origine (COO)

Exigé par certains pays. Une déclaration signée attestant l'origine du produit exporté. Les certificats d'origine sont généralement validés par un organisme semi-officiel, comme une chambre de commerce locale. Un certificat peut être exigé même si la facture commerciale contient les mêmes informations, ou pour se conformer aux exigences douanières étrangères (c.-à-d. du pays d'importation), pour les lettres de crédit, ou simplement à la demande de l'acheteur. Il existe deux types de certificats d'origine : le premier est dit « générique » ou « non préférentiel », ce qui signifie que le pays d'origine des marchandises indiqué sur le document ne leur confère aucun traitement préférentiel auprès du pays destinataire. Un second type de certificat peut être requis pour obtenir un tarif préférentiel dans le cadre d'un accord de libre-échange (ALE).

Informations électroniques sur l'exportation (EEI)

Ce dépôt électronique, appelé « Déclaration électronique d'exportation » (EEI), est requis lorsque la valeur des marchandises classées sous chaque numéro de l'annexe B est supérieure à 2 500 $, ou en cas d'exigence de déclaration obligatoire, par exemple si une licence d'exportation est requise. L'EEI est transmis au Système automatisé d'exportation (AESDirect), hébergé sur la plateforme ACE (Automated Commercial Environment) .

Lettre d'instructions de l'expéditeur (SLI)

La lettre d'instructions de l'expéditeur (LI) est un document officiel qui transmet les instructions de l'exportateur afin d'éviter tout malentendu entre lui et le transitaire qui l'aide à acheminer ses marchandises vers les marchés étrangers.

Document d'exportation obligatoire aux États-Unis, la LLI est généralement préparée par l'exportateur puis remise à son transitaire.

Le transitaire utilise les informations du SLI à des fins multiples, au-delà du lieu de départ et d'arrivée des marchandises : il lui permet de comprendre le poids et les dimensions de la cargaison pour garantir qu'elle est correctement emballée afin de minimiser les dommages, contient les informations requises pour un dépôt d'exportation dans le système automatisé d'exportation (AES) et lui permet de préparer le connaissement.

Certificat d'assurance

Les certificats d'assurance servent à garantir au destinataire que l'assurance couvrira la perte ou les dommages causés à la marchandise pendant le transport. Vous pouvez les obtenir auprès de votre transitaire ou de votre maison d'édition. Remarque : une lettre de transport aérien peut servir de certificat d'assurance pour une expédition par avion. Certains pays peuvent exiger une certification ou une notification.

Expédition et logistique

Choisir la bonne méthode d'expédition

Choisir le mode d'expédition optimal est crucial pour une expédition internationale efficace et économique. Voici un aperçu des principales options :

1. Fret maritime

Idéal pour les envois volumineux, les marchandises de faible valeur et les livraisons non urgentes.

Avantages : Économique pour les grandes quantités, adapté aux articles lourds et volumineux.

Inconvénients : délais de transit plus longs que le fret aérien, risque de retards dus à la congestion portuaire.

2. Fret aérien

Idéal pour les marchandises de grande valeur, sensibles au temps ou périssables.

Avantages : Délais de livraison plus rapides, adapté aux envois urgents.

Inconvénients : Plus cher que le fret maritime, capacité de chargement limitée.

3. Services de messagerie

Idéal pour les petits colis, les documents et les envois urgents.

Avantages : livraison porte-à-porte, capacités de suivi et services supplémentaires comme le dédouanement.

Inconvénients : Plus cher que le fret maritime ou aérien pour les envois plus volumineux.

Facteurs à prendre en compte lors du choix d'une méthode d'expédition :

Valeur du produit : les articles de grande valeur peuvent bénéficier d'un fret aérien plus rapide et plus sûr.

Délai de livraison : Les expéditions urgentes peuvent nécessiter un fret aérien, tandis que les marchandises moins urgentes peuvent être expédiées par voie maritime.

Taille et poids de l'envoi : La taille et le poids de votre envoi influenceront la méthode la plus rentable.

Sensibilité du produit : Les marchandises périssables ou fragiles peuvent nécessiter une manutention spécialisée et une expédition à température contrôlée.

Budget : Tenez compte du coût de chaque méthode d'expédition et équilibrez-le avec le délai de livraison et les besoins d'assurance.

Conseils supplémentaires :

Choisissez un partenaire d'expédition fiable : sélectionnez une entreprise de transport réputée avec de l'expérience dans l'expédition internationale.

Emballage approprié : assurez-vous que vos marchandises sont emballées en toute sécurité pour résister aux rigueurs du transport.

Documentation précise et exacte : Préparez tous les documents douaniers nécessaires pour éviter les retards et les pénalités.

Assurance : Pensez à souscrire une couverture d'assurance adéquate pour protéger votre envoi contre la perte ou les dommages.

Suivez votre envoi : utilisez les services de suivi pour surveiller la progression de votre envoi.

En examinant attentivement ces facteurs et en sélectionnant la méthode d'expédition appropriée, vous pouvez vous assurer que vos marchandises atteignent leur destination en toute sécurité, efficacement et de manière rentable.

Incoterms (termes commerciaux internationaux)

Que sont les Incoterms ?

Les Incoterms sont un ensemble de règles utilisées pour établir des contrats d'expédition et des accords commerciaux entre des parties du monde entier. Ils identifient clairement les responsabilités de chaque partie, à chaque étape du processus d'expédition. Ces responsabilités peuvent inclure les coûts, les risques, la gestion du transport, etc.

Classes d'Incoterms

Les Incoterms sont mis à jour par la CCI tous les 10 ans ; la version actuelle est donc connue sous le nom d'Incoterms® 2020. Les Incoterms regroupent différentes catégories de règles selon les modes de transport. Ces classes sont souvent identifiées par leurs acronymes.

Air, mer et camion

- **EXW (Ex Works) :** L'acheteur prend en charge tous les frais de transport depuis le site du vendeur. Il s'agit souvent du prix le plus bas, car il n'inclut pas les frais de port.

- **Franco transporteur (FCA) :** Le vendeur livre les marchandises à un transporteur ou à un tiers désigné par l'acheteur, dans ses locaux ou à un autre lieu convenu. Une fois les marchandises remises à ce point, les risques et la responsabilité sont transférés du vendeur à l'acheteur.
- **CPT (Carriage Paid to) :** Le vendeur paie le transport des marchandises jusqu'à une destination désignée, mais le risque est transféré à l'acheteur dès que les marchandises sont remises au premier transporteur.
- **CIP (Carriage & Insurance Paid to) :** Similaire au CPT, mais avec une exigence supplémentaire : le vendeur doit assurer les marchandises pendant le transport.
- **DAP (Delivered at Place) :** Le vendeur assume la responsabilité de la livraison des marchandises au domicile de l'acheteur, hors dédouanement.
- **DPU (Delivered at Place Unloaded) :** Le vendeur est responsable de livrer les marchandises à une destination désignée et de les décharger à cet endroit, en supportant tous les frais et risques jusqu'à ce point.
- **DDP (Delivered Duty Paid) :** le vendeur livre les marchandises à l'acheteur à la destination convenue et paie tous les frais, y compris les droits et taxes, ce qui en fait une option très avantageuse pour l'acheteur.

Mer/Voie navigable uniquement

- **CFR (Coût et fret) :** Le vendeur organise et paie le transport des marchandises jusqu'au port de destination, mais le risque est transféré à l'acheteur une fois les marchandises chargées sur le navire.

- **CIF (Coût, Assurance, Fret) :** Le vendeur prend en charge les coûts, l'assurance et le fret jusqu'au port de l'acheteur. Il s'agit d'un prix global pour la livraison au port, intéressant pour les acheteurs recherchant une gestion logistique minimale.
- **FAS (Free Alongside Ship) :** Le vendeur livre les marchandises le long du navire au port d'embarquement convenu. À partir de ce moment, l'acheteur assume tous les risques et coûts, y compris le chargement, le fret maritime, l'assurance et le dédouanement à l'importation.
- **FOB (Franco à bord) :** Le vendeur prend en charge les frais jusqu'au chargement des marchandises à bord du navire. L'acheteur est responsable du fret maritime, de l'assurance et des frais de destination.

Considérations sur les Incoterms

- Lorsque les marchandises que vous exportez arrivent à destination, le pays importateur exige le paiement de tous les droits de douane (taxes à l'importation prélevées par le pays de destination) et taxes locales applicables, y compris la taxe sur la valeur ajoutée (TVA). De nombreuses entreprises exigent le paiement de ces droits de douane et taxes par l'acheteur.
- Les acheteurs souhaitent généralement connaître le prix final, frais de port et taxes inclus (appelé « coût à quai »), avant de conclure un achat. Cependant, vous

pourriez ne pas être en mesure de le leur fournir : les droits de douane et les taxes varient considérablement d'un pays à l'autre, ce qui rend difficile la détermination de ces tarifs avant l'expédition. Soyez clair sur votre politique en matière de droits de douane, notamment sur le payeur et la date d'échéance du paiement.

- Les compagnies de transport que vous choisissez agissent souvent comme transitaires : elles vous aident à remplir les documents d'expédition, à estimer les droits et taxes, à les prépayer et à vous facturer. Si vous utilisez US Postal Service pour des envois plus légers, son partenaire local dans le pays de l'acheteur percevra les droits et taxes.

Transitaires et courtiers en douane

Transitaires :

Les transitaires internationaux sont des agents pour les exportateurs et peuvent déplacer des marchandises du quai à la porte, fournissant ainsi plusieurs services importants :

- Organisation et suivi du fret dans une perspective nationale et internationale ;
- Organisation et suivi du transport intérieur ;
- Préparation des documents d'expédition et d'exportation ;
- Entreposage;
- Réservation de fret espace;
- Négocier fret frais;
- Consolidation du fret;

- Assurance marchandises

La plupart des transitaires sont également des transporteurs publics non exploitants de navires (NVOCC). Les transitaires et les NVOCC sont tous deux agréés et réglementés par la Commission maritime fédérale.

Courtiers en douane :

Les courtiers en douane aident les importateurs à satisfaire aux exigences fédérales régissant les importations aux États-Unis. Les courtiers sont Particuliers, sociétés de personnes, associations ou sociétés agréés, réglementés et habilités par le Service des douanes et de la protection des frontières des États-Unis (CBP). Les courtiers en douane supervisent les transactions liées à l'entrée en douane et à l'admissibilité des marchandises, à la classification des produits, à l'évaluation en douane, au paiement des droits, taxes et autres frais tels que les remboursements, les remises et les ristournes de droits. On compte environ 11 000 courtiers en douane agréés en activité aux États-Unis.

Emballage et étiquetage

Conditionnement

Votre entreprise doit être consciente des exigences du transport international en matière de marchandises emballées. Lors de la conception d'une caisse d'expédition export, il est important de tenir compte de quatre problèmes potentiels : la casse, l'humidité, le vol et le surpoids. Les acheteurs connaissent souvent les systèmes portuaires étrangers et précisent donc parfois des exigences d'emballage.

Si l'acheteur ne fournit pas ces spécifications, assurez-vous que les marchandises sont préparées conformément aux directives suivantes :

- Emballez dans des contenants solides, correctement fermés et remplis lorsque cela est possible.
- Assurez-vous que le poids est réparti uniformément pour assurer un maintien adéquat du conteneur, quelle que soit sa taille.
- Placez les marchandises sur des palettes et, si possible, placez-les dans des conteneurs.
- Fabriquer des emballages et des matériaux d'emballage à partir de matériaux résistants à l'humidité.
- Pour éviter le vol, évitez d'écrire le contenu ou le nom de la marque sur les emballages.
- Utilisez des sangles, des scellés et du film rétractable pour protéger les marchandises.
- Respectez toutes les exigences d'emballage des matières dangereuses spécifiques au produit.
- Vérifier la conformité avec la documentation et les marquages des emballages en bois pour la fumigation et le traitement chimique.

Une méthode d'expédition courante consiste à utiliser des conteneurs fournis par des transporteurs ou des sociétés de leasing privées. Ces conteneurs varient en taille, en matériaux et en construction. Ils peuvent accueillir la plupart des marchandises, mais sont particulièrement adaptés aux colis de tailles et de formes standard. On trouve également facilement des conteneurs réfrigérés et pour vrac liquide. Certains conteneurs ne sont rien d'autre que des semi-remorques détachées de leurs roues, placées sur un navire au port d'exportation, puis transférées sur un autre train de roues au port d'importation.

Étiquetage

Les cartons et conteneurs d'expédition d'exportation ont des marquages et un étiquetage spécifiques qui :

- Respecter les réglementations d'expédition
- Assurer une manipulation appropriée
- Masquer l'identité du contenu
- Aider les destinataires à identifier les expéditions
- Assurer le respect des normes environnementales et de sécurité

L'acheteur étranger précise généralement les marques d'exportation qui doivent figurer sur la cargaison afin de faciliter son identification par les destinataires. L'expédition des produits peut nécessiter de nombreux marquages. Par exemple, les exportateurs doivent apposer les marquages suivants sur les cartons à expédier :

- Marque de l'expéditeur
- Pays d'origine (dans votre cas, « États-Unis »)
- Marquage du poids (en livres et en kilogrammes)
- Nombre de colis et taille des caisses (en pouces et en centimètres)
- Marques de manipulation (c'est-à-dire symboles picturaux internationaux)

- Marquages de mise en garde, tels que « This Side Up » ou « Use No Hooks » (en anglais et dans la langue du pays de destination)
- Point d'entrée
- Étiquettes pour les matières dangereuses (c'est-à-dire les symboles universels adoptés par l'Association du transport aérien international et l'Organisation maritime internationale)
- Ingrédients (le cas échéant, également inclus dans la langue du pays de destination)

Les consommateurs se soucient à la fois du produit lui-même et de ses caractéristiques secondaires, telles que l'emballage, les garanties et les services. La valorisation de la marque et l'étiquetage des produits sur les marchés étrangers soulèvent de nouvelles considérations pour votre entreprise, telles que :

- Les marques internationales sont-elles importantes pour promouvoir et distinguer un produit ? À l'inverse, faut-il privilégier les marques locales ou les marques de distributeur pour susciter l'intérêt local ?
- Les couleurs utilisées sur les étiquettes et les emballages sont-elles offensantes ou attrayantes pour l'acheteur étranger ? Par exemple, dans certains pays, certaines couleurs sont associées à la mort.
- Les étiquettes et les instructions peuvent-elles être rédigées dans les langues officielles ou usuelles si la loi ou la pratique l'exige ?
- Des informations sur le contenu du produit et le pays d'origine doivent-elles être fournies ?

- Les poids et mesures sont-ils indiqués dans l'unité locale ? Même pour les produits de consommation, l'emballage et la description du contenu en unités métriques (par exemple, kilogrammes, litres) peuvent être importants.
- Chaque article doit-il être étiqueté individuellement ? Quelle est la langue de l'étiquetage ? Par exemple, la mention « Fabriqué aux États-Unis » pourrait ne pas être acceptable ; le produit pourrait devoir être étiqueté dans la langue parlée par les consommateurs du pays. Des exigences d'étiquetage particulières peuvent s'appliquer aux aliments, aux produits pharmaceutiques et à d'autres produits.
- Les goûts et les connaissances locales sont-ils pris en compte ? Une boîte de céréales ornée de l'image d'un athlète américain pourrait ne pas être aussi attrayante pour les consommateurs étrangers que celle d'un héros sportif local.

Votre marque américaine est importante pour vous, mais elle peut l'être moins pour les consommateurs étrangers. En revanche, elle peut avoir plus de valeur dans certains pays qu'aux États-Unis.

Une recommandation visible d'une personne célèbre peut générer des ventes dans votre pays, mais la même personne peut être inconnue – ou, pire, détestée – ailleurs.

Assurance marchandises

Les intempéries, les manipulations brutales des transporteurs et autres risques courants pour les marchandises font de l'assurance des expéditions une protection importante pour les exportateurs américains. Votre expéditeur ou transitaire contractera une compagnie d'assurance pour couvrir les marchandises que vous exportez.

Si les conditions de vente vous imposent la responsabilité de l'assurance, votre entreprise doit soit souscrire sa propre police, soit assurer la cargaison auprès d'un transitaire moyennant des frais. Si les conditions de vente imposent la responsabilité à l'acheteur étranger, vous ne devez pas présumer (ni même croire sur parole) qu'une assurance adéquate a été souscrite. Si l'acheteur néglige de souscrire une assurance adéquate, les dommages à la cargaison peuvent entraîner une perte financière importante pour votre entreprise. Les expéditions par mer sont couvertes par une assurance fret maritime. Les expéditions aériennes peuvent également être couvertes par une assurance fret maritime, ou une assurance peut être souscrite auprès du transporteur aérien.

Les expéditions à l'exportation sont généralement couvertes par une assurance fret contre les pertes, dommages et retards de transport. Les accords internationaux limitent souvent la responsabilité du transporteur. De plus, la couverture diffère sensiblement de la couverture nationale. L'acheteur ou le vendeur peut souscrire une assurance, conformément aux conditions de vente. Il est conseillé aux exportateurs de consulter les assureurs internationaux ou les transitaires pour plus d'informations. Bien que vendeurs et acheteurs puissent convenir de différents éléments, la couverture est généralement fixée à 110 % de la valeur CIF (coût, assurance, fret) ou CIP (port payé jusqu'à).

Un deuxième type d'assurance est toutefois recommandé : la vente doit être assurée contre les impayés. Le prêteur de l'acheteur et les autres institutions financières mentionnées dans vos conditions de vente exigent de plus en plus une assurance crédit pour couvrir les risques d'impayés. Parmi les imprévus figurent les défaillances de l'acheteur ou du prêteur, les événements politiques ou les catastrophes de change mettant en péril votre paiement.

Considérations financières et paiement

Principaux éléments de coût pour démarrer une entreprise d'exportation

Démarrer une entreprise d'exportation depuis les États-Unis, même avec un faible capital, implique des coûts variés. Ceux-ci peuvent varier considérablement selon votre modèle économique (par exemple, dropshipping ou gestion de stocks), le type de produit, le marché cible et votre volonté de tirer parti des ressources gouvernementales gratuites et du bricolage.

Voici une répartition détaillée des principaux éléments de coût :

Création d'entreprise et formalités juridiques

- **Enregistrement d'entreprise (LLC/Entreprise individuelle/Société) :**

  Frais de dépôt d'État : Ils varient considérablement d'un État à l'autre. Comptez entre 50 $ et 500 $ et plus pour une LLC nationale (constituée dans l'État où vous exercez vos activités). Par exemple, les frais sont d'environ 70 $ en Californie, tandis qu'ils peuvent atteindre 500 $ au Massachusetts. Certains États imposent également des frais de déclaration annuelle ou de taxe de franchise (par exemple, la Californie impose 800 $ de taxe de franchise annuelle, mais certains États n'en imposent pas).

Service d'agent enregistré (facultatif mais courant) : si vous ne souhaitez pas utiliser votre adresse personnelle ou si vous avez besoin d'un service professionnel pour recevoir un document juridique, un service d'agent enregistré coûte entre 50 $ et 300 $ par an.

Enregistrement du nom d'entreprise (DBA) (le cas échéant) : si vous êtes une entreprise individuelle opérant sous un nom commercial différent de votre nom légal, ces frais sont généralement de 10 à 150 $.

- **Numéro d'identification d'employeur (EIN) :** Il est gratuit et nécessaire pour les impôts et les opérations bancaires. Faites votre demande en ligne sur IRS.gov.
- **Compte bancaire professionnel :** Généralement, ouverture gratuite, mais vérifiez le solde minimum requis ou les frais de service mensuels. Choisissez une banque acceptant les virements internationaux.
- **Licences commerciales locales/d'État :** Elles sont très spécifiques à votre ville, votre département et à la nature de votre activité. Une licence commerciale générale peut coûter entre 50 $ et 400 $. Les permis spécifiques à certains produits (par exemple, pour les aliments, l'alcool ou certains produits réglementés)

peuvent être beaucoup plus onéreux et nécessiter des inspections ou des certifications spécifiques.

- **Conseil juridique (facultatif, mais recommandé en cas de complexité) :** Bien qu'il ne s'agisse pas d'un frais initial obligatoire pour les configurations simples, consulter un avocat pour la révision des contrats (notamment les contrats de vente internationaux), la protection de la propriété intellectuelle ou la conformité complexe à l'exportation peut coûter entre 1 000 et 5 000 $. Prévoir des consultations occasionnelles, selon les besoins, est un investissement judicieux à mesure que votre entreprise se développe.

Coûts des produits et de l'approvisionnement

- **Achat initial :** Environ 500 $ à 3 000 $ et plus, selon le type de produit et la quantité minimale de commande (QMC). Commencez petit avec des produits évolutifs.
- **Échantillons pour les acheteurs ou tests :** 50 $ - 500 $, pour les tests de qualité ou l'envoi aux acheteurs.
- **Emballage et étiquetage des produits :** Si vous optez pour des boîtes personnalisées ou un emballage de protection spécialisé, le coût augmentera. Il peut varier de 1 $ à 10 $ par unité pour les boîtes personnalisées, plus les frais de conception. Les boîtes, le ruban adhésif, le papier bulle et les étiquettes peuvent être relativement peu coûteux, à partir de 20 $ à 100 $ pour un stock initial.

Marketing et ventes

- **Site web et plateforme e-commerce :** pour le nom de domaine et l'hébergement (par exemple, Squarespace, Wix , Shopify, GoDaddy), comptez entre 50 $ et 600 $ par an, selon l'offre choisie. WordPress avec WooCommerce peut être un hébergement moins cher, de 5 $ à 30 $ par mois.
- **Frais de marketplace B2B** : De nombreuses plateformes comme Alibaba, ExportHub , Tradekey , Global Sources et IndiaMart proposent des frais de base inclus dans l'abonnement, d'environ 500 $ par an. Leurs forfaits sont sujets à modification.
- **Publicité en ligne (facultatif, évolutif) :** définissez votre budget et ciblez les acheteurs internationaux via Google Ads et les publicités sur les réseaux sociaux (Facebook, Instagram, LinkedIn) en utilisant des campagnes payantes à partir de 50 à 200 $ par mois.

Logistique et fret

- **Services d'expédition de fret :** 200 $ à 1 500 $ par envoi, selon le volume, la destination et le mode (aérien/maritime). Les transitaires vous assistent pour la réservation, les formalités douanières et la conformité.
- **Courtage en douane (si utilisé) :** 100 $ - 400 $. Il est facultatif pour les petites expéditions requises pour des exportations plus importantes ou complexes.
- **Frais de messagerie/affranchissement :** 50 $ à 500 $ pour les petits colis (USPS, DHL, FedEx)

- **Assurance de fret (facultative) :** 50 $ à 200 $ par envoi, elle protège contre les dommages/pertes.

Conformité et documentation des exportations

- **Licence d'exportation (si nécessaire) :** Gratuite - 250 $. Cochez cette case pour les marchandises soumises à des restrictions (BIS, ITAR, EAR). De nombreuses marchandises ne nécessitent pas de licence.
- **Classification de l'annexe B :** Il s'agit Gratuit et utilisé pour classer les informations d'exportation via AES (Automated Export System).
- **Certificat d'origine :** 25 $ à 100 $, peut être exigé par le pays importateur pour les droits de douane ou les avantages d'un accord commercial et il est délivré par la Chambre de commerce.
- **Facture commerciale, liste de colisage, connaissement :** gratuit - 200 $, modèles disponibles ou préparés par un transitaire.

Modes de paiement

- **Paiement initial (virement bancaire, PayPal, Stripe) :** 2,9 % à 4,4 % par transaction. Idéal pour les nouvelles entreprises et les petites commandes afin de minimiser les risques.
- **Lettres de crédit (LC) :** Offrent un niveau de sécurité élevé aux deux parties, mais impliquent des frais bancaires et peuvent être complexes. Elles sont plus adaptées aux transactions importantes et bien établies.

- **Assurance-crédit à l'exportation :** Envisagez cette assurance auprès de la Banque d'import-export des États-Unis (EXIM Bank) pour vous protéger contre les défauts de paiement des acheteurs étrangers. L'EXIM Bank propose également des garanties de prêt.

Investissement minimum estimé

Il s'agit d'une estimation générale, car les coûts peuvent varier considérablement selon l'État et le produit.

1. **Enregistrement d'entreprise (LLC) :** 50 $ à 500 $ par an (frais de dépôt d'État)
2. **Numéro d'identification de l'employeur (EIN) :** 0 $
3. **Site Web de base/Présence en ligne :** 50 $ à 600 $ par an (domaine, hébergement, modèle simple ; peut être inférieur avec des outils gratuits)
4. **Sourcing initial des produits/échantillons :** très variable, mais peut commencer à 0 $ (dropshipping /courtier) jusqu'à 500 $ - 3 000 $ + pour les petits lots de produits.
5. **Marketing (publicités initiales en ligne, événements de réseautage) :** 50 à 600 $ par an (exploitez d'abord les ressources gouvernementales gratuites et les médias sociaux organiques).
6. **Expédition/documentation initiale (pour les premières petites commandes, suppose que l'acheteur couvre la majeure partie du fret) :** 200 $ - 1 500 $ (par envoi, selon le volume, la destination et le mode (air/mer).

7. **Fonds de roulement/Contingences :** 500 $ - 1 000 $

Investissement minimum total estimé : 500 $ à 3 000 $ et plus pour une start-up très légère et avec un stock réduit. Cela suppose que vous travailliez depuis votre domicile et que vous bénéficiiez d'outils en ligne gratuits ou à faible coût et de programmes d'aide gouvernementale.

Principales ressources américaines pour les exportateurs :

- **Service commercial des États-Unis (Trade.gov) :** votre ressource de référence pour les études de marché, les événements commerciaux et l'assistance directe de spécialistes du commerce.
- **Small Business Administration (sba.gov) :** propose des programmes de conseil, de formation et de financement (comme les programmes de subventions STEP et de financement des exportations).
- **Banque d'import-export des États-Unis (exim.gov) EXIM Bank :** fournit un financement et une assurance crédit aux exportateurs américains.
- **Service des douanes et de la protection des frontières des États-Unis (cbp.gov) :** pour obtenir des informations sur les réglementations et les droits d'importation/exportation.

Prêts à l'exportation du gouvernement américain pour les entreprises

Le gouvernement américain propose divers programmes de prêts à l'exportation et d'aide aux entreprises, principalement par l'intermédiaire de la Small Business Administration (SBA), de la Banque d'import-export des États-Unis (EXIM Bank) et des Services agricoles étrangers (FAS). Ces programmes visent à réduire les risques financiers et à fournir des fonds de roulement aux exportateurs. Voici un aperçu des principales options :

Programmes de prêts à l'exportation de la SBA

Explorez les programmes de financement de la SBA pour mettre en place votre programme d'exportation et moderniser vos installations de production destinées à l'exportation. Il existe également des programmes vous permettant d'acquérir, de construire, de rénover, de moderniser, d'améliorer ou d'agrandir des installations et des équipements destinés à être utilisés aux États-Unis pour la production de biens ou de services destinés au commerce international.

- **Programme Export Express :** Ce programme offre aux petites entreprises ayant un potentiel d'exportation des fonds pour couvrir les coûts initiaux de pénétration d'un marché d'exportation. Il offre jusqu'à 500 000 $ de financement pour le développement des exportations, permettant l'achat ou la production de biens ou la prestation de services destinés à l'exportation. Le prêt peut être utilisé pour la plupart des besoins de l'entreprise, notamment l'expansion, l'achat d'équipement, le fonds de roulement, l'acquisition de stocks ou l'acquisition de biens immobiliers.

- **Programme de prêts pour le commerce international :** Ce programme offre aux entreprises américaines qui se préparent ou sont déjà engagées dans le commerce international, ou qui sont affectées par la concurrence des importations, un financement pouvant atteindre 5 millions de dollars pour moderniser leurs équipements et leurs installations. Bien que ce programme de prêts puisse également servir au refinancement de dettes existantes non structurées selon des modalités raisonnables, il ne peut être utilisé pour l'acquisition d'une entreprise.
- **Programme de fonds de roulement à l'exportation :** Ce programme offre jusqu'à 5 millions de dollars de prêts à court terme, spécifiques à chaque transaction, aux petites entreprises exportatrices américaines. Ce financement peut être utilisé pour : le financement de la main-d'œuvre et des matériaux avant exportation ; et le financement après expédition des créances générées par les ventes à l'étranger spécifiques à chaque transaction.
- **Programme de fonds de roulement à l'exportation 7(a) :** Le programme pilote de prêts 7(a) de la SBA propose des lignes de crédit surveillées dans le cadre du programme de prêts 7(a). Ce programme peut répondre à divers besoins de financement des petites

entreprises en croissance et combine les meilleures caractéristiques des lignes de crédit permanentes 7(a) existantes. Il offre des lignes de crédit garanties 7(a) de la SBA jusqu'à 5 millions de dollars.

Modifications récentes apportées aux politiques de prêt de la SBA

La SBA a publié une nouvelle version des procédures opérationnelles standard pour l'octroi de prêts (SOP 50 10 8) qui concernent divers programmes de prêts, notamment les prêts à l'exportation. Les principaux changements comprennent :

Conditions de propriété : Les prêts SBA seront réservés aux petites entreprises dont la totalité des actionnaires directs et indirects, des garants et des employés clés (tels que les cadres supérieurs) sont citoyens américains, ressortissants américains ou résidents permanents légaux (RPL). Il s'agit d'une modification par rapport à la politique antérieure, en vigueur depuis longtemps, qui autorisait l'aide à toute entreprise détenue à 51 % ou plus par des citoyens américains, ressortissants américains ou résidents permanents légaux.

Pas de crédit ailleurs : Le nouveau SOP renforce également l'exigence « pas de crédit ailleurs ».

Ressources personnelles limitées : Le nouveau SOP rétablit un test de ressources personnelles limitées : les prêteurs doivent vérifier si un propriétaire dispose de ressources liquides pour remplacer le prêt, après avoir prévu des allocations pour l'épargne en vue de la retraite, des études supérieures et des besoins médicaux futurs.

Garanties : La nouvelle SOP exigera des garanties pour presque tous les prêts. Le seuil pour exiger des garanties sera de 50 000 $ (au lieu de 500 000 $).

Injection de capitaux propres : les emprunteurs seront tenus de contribuer à une injection de capitaux propres de 10 % des coûts du projet pour les entreprises en démarrage et les changements de propriété.

Cote de crédit des entreprises : La cote de crédit minimale des entreprises passera de 155 à 165.

Banque EXIM des États-Unis

Pour de nombreux exportateurs américains, le manque de financement peut freiner la croissance mondiale. EXIM propose plusieurs formes de soutien pouvant apporter une solution :

- **Garantie de prêt de fonds de roulement :** Si votre entreprise a au moins un an d'existence, que vos biens contiennent au moins 50 % de contenu américain et sont fabriqués aux États-Unis et exportés depuis ce pays, EXIM peut collaborer avec votre prêteur privé pour vous aider à obtenir le financement de vos ventes internationales en fournissant une garantie sur le capital et les intérêts pour 90 % des créances clients et 75 % des stocks liés à l'exportation. Le prêteur reçoit une « garantie » de prêt d'EXIM, garantissant le remboursement d'un pourcentage du prêt en cas de défaut de paiement de l'emprunteur (c'est-à-dire l'exportateur américain). Vous pouvez utiliser le prêt de votre banque pour financer la main-d'œuvre, les matériaux et autres intrants nécessaires à la réalisation des ventes. EXIM ne remplace pas votre banque privée ; elle se contente de garantir son prêt et d'augmenter votre capacité d'emprunt.

- **Assurance crédit à l'exportation :** Une police d'assurance pour vos créances étrangères vous protège contre le risque de non-paiement de l'acheteur. Lorsque l'EXIM garantit vos créances étrangères, les prêteurs privés sont souvent disposés à prêter sur la base d'actifs autrement exclus de la base d'emprunt. Résultat : même garantie, base d'emprunt plus large et meilleure trésorerie.
- **Prêts directs/Financement acheteur :** Les prêts directs d'EXIM aident les entreprises américaines à obtenir des financements compétitifs pour leurs acheteurs internationaux. EXIM propose des financements à taux fixe – jusqu'à 15 ans en général et jusqu'à 22 ans pour les projets d'énergies renouvelables – aux acheteurs internationaux solvables des secteurs privé et public, et finance les coûts locaux jusqu'à 50 %. Grâce aux prêts directs d'EXIM, les acheteurs internationaux bénéficient de financements à terme compétitifs, auparavant inaccessibles.

  Les prêts directs de l'EXIM aux acheteurs internationaux servent généralement à financer l'achat d'équipements et de services américains. Avant d'approuver certaines transactions, l'EXIM en examinera l'impact économique (voir les politiques relatives à l'impact économique) et les effets environnementaux (voir les politiques environnementales).

La couverture est disponible pour les transactions à moyen et long terme. Le niveau total de soutien EXIM sera inférieur à 85 % de la valeur de tous les biens et services admissibles du contrat d'approvisionnement américain ou à 100 % du contenu américain de tous les biens et services admissibles du contrat d'approvisionnement américain.

Aide à l'exportation du ministère de l'Agriculture des États-Unis (USDA)

L'USDA, principalement par l'intermédiaire de son FAS, propose une variété de services et de programmes qui aident les exportateurs agricoles américains à réussir sur le marché mondial.

- **Programme d'accès au marché (MAP) :** par le biais du MAP, le FAS s'associe aux associations commerciales agricoles américaines, aux coopératives, aux groupes commerciaux régionaux des États et aux petites entreprises pour partager les coûts des activités de marketing et de promotion à l'étranger qui contribuent à créer des marchés d'exportation commerciaux pour les produits et matières premières agricoles américains.

  MAP est présent dans la quasi-totalité du monde et contribue au développement de marchés pour une grande variété de produits agricoles et alimentaires américains. Le FAS offre une aide financière partagée aux organisations américaines éligibles pour des activités telles que la publicité grand public, les relations publiques, les démonstrations sur le lieu de vente, la participation à des salons et expositions, les études de marché et l'assistance technique.

- **Programme de garantie de crédit à l'exportation (GSM-102) :** Le programme GSM-102 offre des garanties de crédit pour encourager le financement des exportations commerciales de produits agricoles américains. En réduisant le risque financier pour les prêteurs, les garanties de crédit encouragent les exportations vers des acheteurs de pays, principalement des pays en développement, disposant d'une solidité financière suffisante pour disposer de devises pour les paiements programmés.

  Le programme est offert aux exportateurs de :

➢ produits transformés de grande valeur, destinés au consommateur, tels que les aliments surgelés, les produits frais, les viandes, les condiments, le vin et la bière ;

➢ produits intermédiaires tels que les peaux, la farine et les produits en papier ; et

➢ produits en vrac tels que les céréales, les oléagineux et le riz.

Modes de paiement

Pour réussir sur le marché mondial actuel et remporter des ventes face à la concurrence étrangère, les exportateurs doivent proposer à leurs clients des conditions de vente attractives et des modes de paiement adaptés. Être payé intégralement et à temps étant l'objectif ultime de chaque vente à l'exportation, il est essentiel de choisir avec soin un mode de paiement adapté afin de minimiser les risques tout en répondant aux besoins de l'acheteur.

Points clés

- Le commerce international présente un spectre de risques, ce qui entraîne une incertitude quant au calendrier des paiements entre l'exportateur (vendeur) et l'importateur (acheteur étranger).
- Pour les exportateurs, toute vente est un cadeau jusqu'à réception du paiement.
- Par conséquent, les exportateurs souhaitent recevoir le paiement le plus rapidement possible, de préférence dès qu'une commande est passée ou avant que les marchandises ne soient envoyées à l'importateur.
- Pour les importateurs, tout paiement est un don jusqu'à la réception des marchandises.
- Par conséquent, les importateurs souhaitent recevoir les marchandises le plus rapidement possible mais retarder le paiement le plus longtemps possible, de préférence jusqu'à ce que les marchandises soient revendues pour générer suffisamment de revenus pour payer l'exportateur.

Il existe cinq principales méthodes de paiement pour les transactions internationales :

1. **Paiement anticipé**

Grâce aux conditions de paiement anticipé, un exportateur peut éviter le risque de crédit, car le paiement est reçu avant le transfert de propriété des marchandises. Pour les ventes internationales, les virements électroniques et les cartes de crédit sont les options de paiement anticipé les plus couramment utilisées par les exportateurs. Avec le développement d'Internet, les services de séquestre deviennent une autre option de paiement anticipé pour les petites transactions à l'exportation. Cependant, exiger un paiement anticipé est l'option la moins attractive pour l'acheteur, car elle crée des flux de trésorerie défavorables. Les acheteurs étrangers craignent également que les marchandises ne soient pas expédiées si le paiement est effectué à l'avance. Par conséquent, les exportateurs qui privilégient ce mode de paiement comme seul moyen de paiement risquent de perdre des parts de marché face à des concurrents offrant des conditions de paiement plus avantageuses.

2. **Lettres de crédit**

Les lettres de crédit (LC) sont l'un des instruments les plus sûrs dont disposent les négociants internationaux. Une LC est un engagement pris par une banque, au nom de l'acheteur, de payer l'exportateur, sous réserve du respect des conditions stipulées dans la LC, vérifiées par la présentation de tous les documents requis. L'acheteur établit son crédit et paie sa banque pour ce service. Une LC est utile lorsqu'il est difficile d'obtenir des informations fiables sur la solvabilité d'un acheteur étranger, mais que l'exportateur est satisfait de la solvabilité de la banque étrangère de l'acheteur. Une LC protège également l'acheteur, car aucune obligation de paiement ne naît tant que les marchandises n'ont pas été expédiées comme promis.

3. Collections documentaires

Un encaissement documentaire (D/C) est une transaction par laquelle l'exportateur confie l'encaissement du paiement d'une vente à sa banque (banque remettante). Celle-ci transmet les documents nécessaires à l'acheteur à la banque de l'importateur (banque encaissante), avec instruction de remettre les documents à l'acheteur pour paiement. Les fonds sont reçus de l'importateur et remis à l'exportateur par l'intermédiaire des banques impliquées dans l'encaissement en échange de ces documents. Les D/C impliquent l'utilisation d'une traite qui oblige l'importateur à payer le montant nominal soit à vue (document contre paiement), soit à une date déterminée (document contre acceptation). La lettre d'encaissement donne des instructions précisant les documents requis pour le transfert de propriété des marchandises. Bien que les banques agissent comme facilitateurs pour leurs clients, les D/C n'offrent aucun processus de vérification et un recours limité en cas de non-paiement. Les D/C sont généralement moins onéreux que les LC.

4. Ouvrir un compte

Une transaction à compte ouvert est une vente où les marchandises sont expédiées et livrées avant l'échéance du paiement, généralement sous 30, 60 ou 90 jours pour les ventes internationales. Il s'agit évidemment de l'une des options les plus avantageuses pour l'importateur en termes de trésorerie et de coûts, mais elle représente également l'une des options les plus risquées pour l'exportateur. En raison de la forte concurrence sur les marchés d'exportation, les acheteurs étrangers font souvent pression sur les exportateurs pour obtenir des conditions de compte ouvert, l'octroi de crédits par le vendeur à l'acheteur étant plus courant à l'étranger. Par conséquent, les exportateurs réticents à accorder un crédit risquent de perdre une vente au profit de leurs concurrents. Les exportateurs peuvent proposer des conditions de compte ouvert compétitives tout en atténuant considérablement le risque de non-paiement en utilisant une ou plusieurs des techniques de financement du commerce appropriées décrites plus loin dans ce guide. En proposant des conditions de compte ouvert, l'exportateur peut bénéficier d'une protection supplémentaire grâce à une assurance-crédit à l'exportation.

5. Consignation

Dans le commerce international, la consignation est une variante du compte ouvert où le paiement n'est versé à l'exportateur qu'après la vente des marchandises par le distributeur étranger au client final. Une transaction de consignation internationale repose sur un accord contractuel selon lequel le distributeur étranger reçoit, gère et vend les marchandises pour le compte de l'exportateur, qui en conserve la propriété jusqu'à leur vente. Exporter en consignation est évidemment très risqué, car l'exportateur n'a aucune garantie de paiement et ses marchandises se trouvent à l'étranger, entre les mains d'un distributeur ou d'un agent indépendant. La consignation permet aux exportateurs d'accroître leur compétitivité grâce à une meilleure disponibilité et une livraison plus rapide des marchandises. Vendre en consignation peut également les aider à réduire les coûts directs de stockage et de gestion des stocks. La clé du succès de l'exportation en consignation réside dans le partenariat avec un distributeur étranger réputé et digne de confiance ou un prestataire logistique tiers. Une assurance appropriée doit être souscrite pour couvrir les marchandises consignées en transit ou en possession d'un distributeur étranger, ainsi que pour atténuer le risque de non-paiement.

Gestion des risques de change

Comment accepter un paiement en devises étrangères pour les exportations ?

L'exposition au risque de change est souvent négligée par les petites et moyennes entreprises (PME) qui souhaitent pénétrer les marchés internationaux, s'y développer et y réussir. Bien que la plupart des PME exportatrices américaines privilégient le dollar américain, les acheteurs étrangers solvables exigent aujourd'hui de plus en plus que les paiements soient acceptés dans leur monnaie locale. Pour un exportateur américain qui choisit de négocier en devises étrangères, l'exposition au risque de change correspond aux pertes financières potentielles dues à la dépréciation de la monnaie étrangère par rapport au dollar américain à l'échéance du paiement. Il est évident que cette exposition peut être évitée en insistant sur le dollar américain. Cependant, une telle approche pourrait entraîner une perte d'opportunités d'exportation au profit de concurrents plus flexibles dans le choix de la monnaie de paiement de leurs acheteurs étrangers. Négocier uniquement en dollars américains pourrait également entraîner des défauts de paiement lorsque les acheteurs étrangers verraient leurs obligations libellées en dollars américains alourdies par la dépréciation de la monnaie locale.

Bien que le risque de non-paiement puisse être atténué par une assurance-crédit à l'exportation, cette protection hypothétique est vaine si des opportunités d'exportation sont perdues en raison d'une politique de paiement en dollars américains uniquement. Pour rester compétitifs sur les marchés mondiaux, les exportateurs américains devraient faire preuve de souplesse en acceptant les paiements en devises étrangères, tout en explorant des moyens de gérer proactivement leur exposition au risque de change.

Caractéristiques des ventes à l'exportation libellées en devises étrangères	
Applicabilité	Recommandé pour une utilisation (a) sur les marchés mondiaux concurrentiels et (b) lorsque les acheteurs étrangers insistent pour payer dans leur monnaie locale.

Risque	Les exportateurs sont exposés au risque de pertes de change, à moins que des techniques de gestion du risque de change ne soient utilisées.
Avantages	Conditions de paiement compétitives pour augmenter vos ventes. Réduction du risque de non-paiement lié à la dépréciation de la monnaie locale.
Inconvénients	Coût et fardeau de la gestion du risque de change. Aucun profit potentiel lié aux fluctuations favorables du marché des changes, sauf en cas de couverture par options de change.

Points clés

- La plupart des acheteurs étrangers préfèrent payer dans leur monnaie locale pour éviter l'exposition au risque de change.
- Les exportateurs qui choisissent de négocier en devises étrangères pourraient renforcer leur compétitivité et gagner davantage de ventes.
- La nature volatile du marché des changes présente un risque pour les exportateurs, car les fluctuations défavorables des taux de change peuvent entraîner des pertes financières importantes sur des ventes à l'exportation autrement rentables.

- Lorsque les ventes à l'exportation sont libellées en devises étrangères, les exportateurs peuvent minimiser leur exposition au risque de change en utilisant une ou plusieurs techniques de gestion du risque de change.
- L'objectif principal de la gestion des risques de change n'est pas de réaliser un profit, mais de minimiser les pertes financières potentielles résultant de mouvements de change imprévisibles et défavorables.

Techniques de gestion du risque de change

Plusieurs techniques permettent de réduire l'exposition au risque de change à court terme. Elles conviennent aux PME qui débutent leur activité d'exportation ou aux exportateurs qui envisagent d'accepter des paiements en devises étrangères. Les instruments de change présentés ci-dessous sont disponibles dans toutes les principales devises et sont proposés par de nombreuses banques commerciales et prestataires de services de change. Cependant, certaines techniques peuvent s'avérer peu pratiques ou coûteuses pour certaines PME exportatrices.

Avance de fonds en devises étrangères

Une façon pour les exportateurs d'éviter le risque de change est d'exiger un paiement anticipé pour les ventes libellées en devises. Ils peuvent alors calculer immédiatement le produit net attendu en monnaie nationale en utilisant le taux de change au comptant, qui correspond au taux de change actuel des deux devises.

- **Haies naturelles**

Une façon de minimiser l'exposition au risque de change consiste à trouver des couvertures naturelles, c'est-à-dire à aligner les recettes et les dépenses en devises. Par exemple, un exportateur américain qui reçoit un paiement en pesos d'un acheteur mexicain peut utiliser ces pesos à d'autres fins, comme le paiement des commissions d'agents ou le paiement des fournitures d'un autre partenaire commercial mexicain.

Si les recettes et les paiements en pesos sont comparables en valeur, le risque de change est minimisé, car l'exportateur aura rarement besoin de convertir des pesos en dollars américains. Ce risque est encore réduit si ces transactions en pesos sont effectuées régulièrement.

- **Couverture à terme sur devises**

La méthode la plus courante pour se couvrir contre le risque de change est le recours à un contrat à terme, qui permet à l'exportateur de vendre un montant fixe de devises étrangères à un taux de change prédéterminé, à une date future prédéfinie, avec une date de livraison comprise entre trois jours et un an. Par exemple, un exportateur américain s'engage à accepter le paiement en euros d'un million d'euros de marchandises vendues à une entreprise allemande sur une période de 60 jours.

Craignant une dépréciation de l'euro dans les 60 prochains jours, l'exportateur américain conclut aujourd'hui un contrat à terme au taux de change à terme de 1 euro pour 1,25 dollar américain. Ce contrat à terme permet à l'exportateur américain de minimiser son exposition au risque de change en garantissant la conversion d'un million d'euros en 1,25 million de dollars américains, quelle que soit l'évolution du taux de change dollar-euro dans 60 jours.

Toutefois, si l'acheteur allemand ne paie pas à temps, l'exportateur américain sera toujours tenu de livrer 1 million d'euros en 60 jours. Par conséquent, lorsqu'ils utilisent des contrats à terme pour se couvrir contre le risque de change, il est conseillé aux exportateurs de choisir des dates de livraison anticipées avec prudence ou de souscrire à un contrat à terme à fenêtre, qui permet une livraison entre deux dates plutôt qu'une date de règlement précise.

Si la devise étrangère est récupérée plus tôt, l'exportateur pourrait la conserver jusqu'à la date de livraison ou échanger l'ancien contrat de change contre un autre assorti d'une nouvelle date de livraison à moindre coût. Notez que les frais liés aux contrats à terme sont très faibles, car le cambiste réalise un « spread » en achetant à un prix et en revendant à un prix plus élevé.

- **Couverture des options de change**

Si un exportateur effectue une transaction importante en devises étrangères et/ou qu'un délai important s'écoule entre la cotation et l'acceptation de l'offre, une option de change peut être intéressante à envisager. Pour un exportateur, utiliser une option de change pour se couvrir contre le risque de change revient à souscrire une assurance contre la dépréciation d'une devise étrangère.

Dans le cadre d'une option de change, l'exportateur acquiert le droit, mais non l'obligation, d'échanger la devise étrangère en monnaie nationale à un taux spécifié au plus tard à la date d'expiration de l'option.

Contrairement à un contrat à terme, l'exportateur qui achète une option de change doit payer une prime, comparable à une prime d'assurance. En cas de baisse de la valeur de la devise étrangère, l'exportateur est protégé contre toute perte.
En revanche, si la valeur de la devise étrangère augmente, l'exportateur abandonne simplement le contrat d'option et vend la devise étrangère à un taux plus favorable sur le marché au comptant. Si les options de change offrent une certaine flexibilité, elles sont plus coûteuses que les contrats à terme de change.

Études de cas

Un étudiant qui a commencé à exporter à temps partiel

Voici une étude de cas hypothétique illustrant comment un étudiant aux États-Unis pourrait commencer à exporter à temps partiel, en tirant parti des ressources disponibles.

Nom : Jessica Miller

Âge : 23 ans

Université : Université de Californie, Berkeley

Spécialisation : Sciences de l'environnement avec une mineure en commerce

Lieu : San Francisco, Californie

Capital initial : 2 000 $

Objectif : Créer une marque de soins de la peau respectueuse de l'environnement et axée sur l'exportation, ciblant les acheteurs de niche à l'étranger

Type d'entreprise : Activité secondaire à temps partiel pendant les études

Étape 1 : Étude de marché – Identifier une opportunité mondiale

Jessica a remarqué la demande internationale croissante de produits de soins de la peau propres et non toxiques, en particulier dans les domaines suivants :

- Asie du Sud-Est (Singapour, Thaïlande)
- Moyen-Orient (EAU, Arabie saoudite)
- Europe (France, Allemagne, Royaume-Uni)

Elle a utilisé :

- Tendances Google pour la demande de mots clés (par exemple, « huile visage bio », « crème hydratante sans parabène »)
- Amazon Global va étudier les catégories de produits
- Groupes Facebook et fils de discussion Reddit liés aux soins de la peau

Elle a identifié un créneau : l'huile pour le visage biologique et les baumes à lèvres végétaliens fabriqués à partir d'ingrédients provenant des États-Unis.

Étape 2 : Développement et approvisionnement des produits

Jessica a collaboré avec un laboratoire local de soins naturels pour la peau en Californie qui proposait une fabrication en marque blanche :

- 2 produits de démarrage sélectionnés :
  - → Huile pour le visage à la rose musquée et au jojoba
  - → Baume à lèvres végétalien au beurre de karité
- Production en petits lots demandée (100 unités chacune)
- Coût : environ 7 $/unité pour l'huile, 4 $/unité pour le baume

Elle a veillé à ce que les produits soient :

- Ingrédients certifiés biologiques par l'USDA
- Pas de tests sur les animaux
- Plainte concernant l'étiquetage cosmétique de base de la FDA

Étape 3 : Création d'entreprise

- Structure de l'entreprise : Entreprise individuelle sous le nom de « Pure Glow Naturals »
- EIN : appliqué en ligne via l'IRS
- Aucune licence d'exportation requise (classé dans l'annexe B pour les cosmétiques, ECCN non contrôlé)
- Enregistré auprès du programme d'enregistrement volontaire des cosmétiques de la FDA (VCRP)

Étape 4 : Présence en ligne et image de marque

- Créer une boutique Shopify simple avec paiement international
- Création d'une identité de marque : épurée, minimaliste, respectueuse de l'environnement
- Axé sur la transparence : liste complète des ingrédients, historique de l'approvisionnement
- Photos avant/après téléchargées et témoignages d'amis

Étape 5 : Marketing et recherche d’acheteurs internationaux

Jessica a utilisé un mélange de tactiques en ligne et personnelles :

- Rejoignez les communautés internationales de soins de la peau sur Instagram et TikTok
- Elle s'est associée à un micro-influenceur dans le monde entier
- Produits répertoriés sur Etsy et eBay avec expédition internationale
- Contacté des boutiques écologiques en Allemagne et en Corée du Sud par e-mail

Étape 6 : Expédition et traitement des commandes

Elle a géré elle-même l'emballage des commandes en utilisant des emballages écologiques.

Méthode d'expédition :

- USPS First Class Package International (pour les petits colis de moins de 4 lb)
- Ship Station utilisé pour comparer les tarifs et imprimer des étiquettes

Frais de livraison:

- ~ 16 à 20 $ vers l'Europe/Asie par commande
- Intégré au prix de détail ou ajouté au moment du paiement

Première vente à l'exportation

Après 4 semaines, elle a reçu sa première commande d'un client de Singapour :

- 1 huile pour le visage (28 $) + 1 baume à lèvres (12 $)
- Livraison : ~ 18 $
- Total reçu : ~ 58 $
- Coût des marchandises + expédition : environ 30 $
- Bénéfice net : environ 28 $

Étape 7 : Croissance progressive

- Bénéfices réinvestis pour se développer dans des kits de voyage
- J'ai gagné 2 clients grossistes réguliers à Dubaï et en Allemagne
- J'ai commencé à demander des subventions pour les entreprises appartenant à des femmes par l'intermédiaire des centres de petites entreprises locaux

- Inscrit aux webinaires du service commercial américain pour en savoir plus sur la conformité à l'exportation

Résultat après 6 mois

Valeur métrique

Commande/mois	~25-30
Revenu mensuel	~1900-2300
Bénéfice net (temps partiel)	~700 $/mois
Destinations d'exportation	Émirats arabes unis, Singapour, Allemagne, Japon, France, Canada
Produits offerts	5 (huile pour le visage, baume, nettoyant, tonique, masque)

Points clés à retenir

- Commencez par un petit lot pour tester le marché avant de passer à l'échelle
- Les soins naturels fabriqués aux États-Unis sont très appréciés à l'étranger lorsqu'ils sont commercialisés avec authenticité.
- Les étudiants entrepreneurs peuvent tirer parti des ressources du campus, des outils en ligne et des marchés de niche
- Gardez un emballage simple mais conforme aux directives d'étiquetage des cosmétiques américaines et étrangères

Le défi : En tant qu'étudiante à temps plein, ses principaux défis étaient :

- Capital limité : elle ne pouvait pas se permettre d'acheter et de conserver un stock important de produits
- Logistique et temps : Elle n'avait aucune expérience en matière d'expédition internationale, de douanes ou de gestion d'un volume élevé de commandes par elle-même.
- Risque de non-paiement : Elle craignait d'expédier des produits à l'international sans être payée

Un professionnel du travail qui a commencé à exporter à temps partiel

Voici une étude de cas hypothétique concernant un professionnel américain qui a créé une entreprise d'exportation. Ce scénario diffère de celui d'un étudiant, car un professionnel dispose de ressources, de contraintes et d'une expertise différentes.

Nom : Daniel Roberts

Âge : 36 ans

Lieu : Chicago, Illinois

Emploi à temps plein : travailler dans un hôtel

Exportation : Outils et accessoires de rénovation

Capital initial : 3 500 $

Engagement de temps : 8 à 10 heures/semaine

Modèle d'exportation : commandes B2C à petite échelle et commandes B2B sélectionnées via des plateformes en ligne

Étape 1 : Identifier l'opportunité d'exportation

Les outils électriques et le matériel de rénovation fabriqués aux États-Unis sont très demandés en Chine, en Inde, au Japon, en Corée du Sud, en Australie, en Allemagne, au Royaume-Uni, au Brésil et au Mexique.

Daniel a remarqué :

- Forte demande pour les marques durables fabriquées aux États-Unis
- Manque d'accès direct pour les petits acheteurs dans les pays en développement
- Un créneau inexploité pour les produits remis à neuf ou en liquidation dans les magasins de liquidation

Il a sélectionné les produits initiaux :

- Jeux de tournevis
- Perceuses sans fil (reconditionnées)
- Ceintures à outils et accessoires

Étape 2 : Création d'entreprise

- Structure : Création d'une LLC en ligne (« Eagle Trade Tools LLC »)
- EIN : Enregistré via le site Web de l'IRS
- Banque : Ouverture d'un compte courant professionnel dans une banque locale
- Compte vendeur : profils créés sur eBay, Amazon et Alibaba
- Licence d'exportation : non requise pour les outils sous EAR99 (vérifié à l'aide de l'arbre de décision BIS)

Étape 3 : Sourcing des produits

Il s'approvisionne en produits auprès de :

- Entrepôts de liquidation locaux

- Ventes de liquidation Home Depot/Lowes
- Enchères en ligne (GovDeals , Liquidation.com)

Il a assuré :

- Les produits ont été testés et fonctionnels
- L'emballage était durable pour l'exportation
- Les descriptions des produits étaient précises et claires

Étape 4 : Logistique d'exportation et expédition

- J'ai utilisé UPS et USPS pour les petits colis
- En partenariat avec un transitaire pour les expéditions consolidées
- Il a utilisé les codes HTS Schedule B pour classer ses marchandises pour les douanes.
- Articles étiquetés et emballés selon les normes internationales

Étape 5 : Trouver des acheteurs internationaux

Il s'est concentré sur :

- Groupes et forums Facebook pour les entrepreneurs latino-américains
- Listes de diffusion WhatsApp pour les petits détaillants de matériel informatique
- Annonces internationales eBay avec expédition mondiale activée
- Courriels froids adressés aux petits magasins d'outillage du Panama et de la République dominicaine

Première vente à l'exportation

Dans les 3 semaines :

- J'ai vendu un ensemble de perceuses sans fil Dewalt reconditionnées à un acheteur en République dominicaine.
- Prix de vente : ~ 180 $
- Frais de livraison : environ 48 $
- Bénéfice net : environ 55 $ après frais

Étape 6 : Élargissement du temps partiel

Au cours des 6 prochains mois, Daniel :

- J'ai créé un petit site Google avec un catalogue d'outils disponibles
- J'ai participé aux webinaires de l'International Trade Administration (ITA)
- Enregistré auprès du Centre de développement des petites entreprises de l'Illinois (SBDC)
- J'ai embauché un assistant virtuel indépendant pour gérer les annonces et les messages

Résultats à 6 mois

Résultat métrique

Revenu mensuel	~3 500 $ à 4 200 $
Marge bénéficiaire moyenne	25-30%
Destinations d'exportation	Panama, Jamaïque, Nigéria, Colombie
Taille de l'inventaire	~200 SKU
Temps passé chaque semaine	~10 heures (principalement les soirs/week-ends)

Le défi :

- Temps limité : En tant que professionnel à temps plein, le temps de Daniel était une contrainte majeure. Il lui fallait un modèle économique qui ne sollicite pas excessivement ses nuits et ses week-ends.
- Capital et risque : Bien qu'il disposait d'un revenu stable, il ne souhaitait pas risquer les finances de sa famille dans une nouvelle aventure. Il lui fallait un modèle de start-up à faible capital et à faible risque.
- Trouver des clients : Il n'avait pas de réseau de vente international formel en dehors de son travail en entreprise
- Conformité : Les pièces spécialisées dont il s'occupait pouvaient être soumises à des réglementations complexes en matière de contrôle des exportations

Un demandeur d'emploi qui a transformé le chômage en opportunité

Voici une étude de cas hypothétique d'un demandeur d'emploi qui a transformé le chômage en opportunité en démarrant une entreprise d'exportation depuis les États-Unis, avec un capital limité, aucune expérience préalable dans le commerce international et un fort désir de reconstruire.

Nom : Kevin Thompson

Âge : 29 ans

Lieu : Atlanta, Géorgie

Contexte : Ancien employé d'un magasin de détail

Capital initial : 1 000 $ (provenant de l'épargne et des allocations de chômage)

Motivation : Je voulais créer une source de revenus indépendante en utilisant des produits américains

Export Focus : produits de santé et de bien-être grand public fabriqués aux États-Unis

Temps disponible : Temps plein au début en raison d'une perte d'emploi

Étape 1 : Changement de mentalité : de demandeur d'emploi à exportateur

Après avoir postulé à des emplois pendant des mois sans succès, Kevin a rejoint un webinaire en ligne gratuit organisé par la Small Business Administration (SBA) des États-Unis intitulé « Comment démarrer une entreprise d'exportation ».

Cela lui a fait découvrir :

- Demande mondiale de biens de consommation américains
- Soutien gouvernemental aux nouveaux exportateurs
- Des opportunités même avec un faible capital et aucune expérience commerciale préalable

Étape 2 : Sélection des produits - Commencer petit, vendre ce en quoi il croyait

Kevin a choisi un créneau qu'il utilisait personnellement et auquel il faisait confiance : les vitamines et compléments alimentaires naturels fabriqués aux États-Unis.

Exemples :

- Aides au sommeil à base de mélatonine
- Capsules d'oméga-3
- Multivitamines pour hommes/femmes

Ces produits avaient :

- Forte demande mondiale
- Petite taille - faible coût d'expédition
- Approvisionnement en ligne facile auprès de Costco, Walmart et des plateformes de vente en gros

Étape 3 : Création de l'entreprise

- Nom de l'entreprise : Global Essentials Export
- Entité : Enregistrée en tant qu'entreprise individuelle
- EIN : Obtenu en ligne auprès de l'IRS
- Banque : Ouverture d'un compte professionnel auprès d'une coopérative de crédit
- Licence d'exportation : Non requise (vérifiée sous EAR pour les suppléments en vente libre)
- Code douanier : Code de l'annexe B trouvé sous le SH 210690 (compléments alimentaires)

Étape 4 : Vente en ligne – Stratégie d'entrée à faible risque

Il a créé un profil de vendeur sur :

- eBay avec expédition mondiale activée
- Facebook Marketplace (groupes internationaux)
- Groupes WhatsApp utilisés par les acheteurs d'Afrique de l'Ouest et des Caraïbes
- Ajout d'une boutique Shopify

Il a posté :

- Photos claires de bouteilles de compléments alimentaires fabriquées aux États-Unis
- Brèves descriptions avec dosage et avantages

- Informations de confiance telles que « 100 % authentique aux États-Unis », date d'expiration et emplacement de la source

Première commande d'exportation

Kevin a reçu sa première commande internationale en 2 semaines :

- 1 bouteille de vitamine D3 à un acheteur à Trinité-et-Tobago
- Coût : 9 $
- Vendu pour : 22 $
- Expédition : 6 $ (via USPS international de première classe)
- Bénéfice net : environ 7 $

Étape 5 : Mise à l'échelle progressive

Avec des commandes répétées, Kevin a réinvesti ses bénéfices :

- Des articles ajoutés comme des barres protéinées et des capsules pour la santé des articulations
- En partenariat avec un mini-marché basé dans les Caraïbes pour les petites commandes en gros
- J'ai utilisé PayPal et Wise pour recevoir des paiements internationaux
- J'ai appris à utiliser Ship Station pour gérer efficacement la logistique

Étape 6 : Soutien et apprentissage

Il s'est appuyé sur les ressources publiques :

- Mentorat gratuit SBA (SCORE)
- Formation en ligne Export-U

- Bulletins d'information des services commerciaux américains pour les mises à jour du marché
- J'ai rejoint des groupes Facebook pour les petits exportateurs et j'ai appris des conseils de mes pairs

Après 6 mois

Résultat métrique

Revenu mensuel	~2500 $
Marge bénéficiaire	30-35%
Pays vers lesquels exportés	Jamaïque, Nigéria, Bahamas, Émirats arabes unis
Types de produits	~30 SKU
Heures d'ouverture	~25 heures/semaine

Le défi :

- Capital limité : avec seulement environ 1 000 $ d'économies, il ne pouvait pas se permettre d'avoir un stock en vrac, des publicités ou un site Web sophistiqué.
- Manque de connaissances spécialisées : Il n'avait aucune connaissance préalable du commerce international, des douanes ou de la documentation
- Confiance envers les acheteurs : les acheteurs à l'étranger étaient sceptiques à l'idée d'acheter auprès d'un nouveau vendeur inconnu
- Frais d'expédition et retards : L'expédition internationale était coûteuse et parfois lente

Références

https://www.trade.gov/why-export

https://exportpotential.intracen.org/fr/produits/carte-arborescente?fromMarker=i&exporter=842&toMarker=w&market=w&whatMarker=k

https://beta.trade.gov/article?id=Préparer-votre-produit-pour-l'exportation-Adaptation-du-produit

https://www.trade.gov/conducting-market-research

https://www.trade.gov/selecting-international-markets

https://www.trade.gov/free-trade-agreement-overview

https://www.trade.gov/industry-classification-systems

https://beta.trade.gov/article?id=Trade-Missions

https://beta.trade.gov/article?id=US-Department-of-Commerce-Trade-Event-Programs

https://beta.trade.gov/article?id=Foreign-Agricultural-Service

https://beta.trade.gov/article?id=International-Company-Profiles

https://beta.trade.gov/article?id=International-Partner-Search

https://beta.trade.gov/article?id=Finding-Buyers-Program-Customized-Market-Research

https://business.thomasnet.com/about

https://www.foreign-trade.com/about.htm

https://www.wholesalecentral.com/aboutus.htm

https://www.trade.gov/

https://www.fas.usda.gov/about-fas
https://www.exportportal.com/about
https://globaltradehelpdesk.org/fr/a-propos/de-l-initiative
https://www.tradekey.com/about-us/
https://www.exporthub.com/ot/about-us
https://www.globalsources.com/corporate/fr/à propos/
https://www.indiamart.com/
https://in.solutions.kompass.com/
https://www.sba.gov/business-guide/launch-your-business/choose-business-structure
https://www.sba.gov/business-guide/launch-your-business/choose-your-business-name
https://www.sba.gov/business-guide/launch-your-business/register-your-business
https://stripe.com/in/resources/more/how-to-file-for-an-ein-a-quick-guide-for-businesses#preparing-to-file-for-an-ein
https://deliberatedirections.com/comment-enregistrer-votre-entreprise-aupres-de-l-irs-et-obtenir-un-ein/
https://www.maersk.com/logistics-explained/customs-and-compliance/2023/09/27/licence-d-import-export-americaine-qu-est-ce-que-c-est-et-comment-l-obtenir
https://envoy.com/workplace-compliance-security-safety/export-administration-regulations-compliance
https://www.shippingsolutions.com/blog/quelle-est-la-différence-entre-un-code-b-de-programme-et-un-numéro-HS
https://www.census.gov/foreign-trade/schedules/b/index.html

https://beta.trade.gov/article?id=Déterminez-votre-numéro-HS-ou-Schedule-B
https://www.cbp.gov/trade/aes/introduction
https://www.census.gov/foreign-trade/aes/ace-aesdirect.html
https://www.trade.gov/filing-your-export-shipments-through-automated-export-system-aes
https://www.census.gov/foreign-trade/aes/aesdirect/register_access_aesdirect.pdf
https://www.trade.gov/common-export-documents
https://www.trade.gov/filing-your-export-shipments-through-automated-export-system-aes
https://grow.exim.gov/blog/shippers-letter-of-instruction-0
https://grow.exim.gov/blog/incoterms2020
https://legacy.export.gov/article?id=Incoterms-Overview
https://www.trade.gov/customs-brokers-and-freight-forwarders
https://legacy.export.gov/article?id=Emballage
https://legacy.export.gov/article?id=Labeling
https://legacy.export.gov/article?id=Marque-Étiquetage-et-Emballage
https://www.privacyshield.gov/ps/article?id=Cargo-Insurance
https://www.trade.gov/business-development-financing
https://www.trade.gov/export-working-capital
https://www.sba.gov/partners/lenders/7a-loan-program/7a-working-capital-pilot-program

https://www.congress.gov/crs-product/IN12549#:~:text=La%20SBA%20a%20publié%20une%20nouvelle%20loi, en vigueur%20le%201er%20juin%202025
https://www.exim.gov/solutions/get-financing
https://www.exim.gov/solutions/direct-loan
https://www.fas.usda.gov/programs/market-access-program-map
https://www.trade.gov/methods-payment
https://www.trade.gov/report/trade-finance-guide

9 789334 455748